W0086461

MAJA GÜNTHER

mit Lisa Bitzer

Vergleiche dich nicht, sei du selbst

Eine Anleitung zur Selbstakzeptanz

Besuchen Sie uns im Internet:
www.knaur-balance.de

Aus Verantwortung für die Umwelt hat sich die Verlagsgruppe
Droemer Knaur zu einer nachhaltigen Buchproduktion verpflichtet.
Der bewusste Umgang mit unseren Ressourcen, der Schutz unseres Klimas
und der Natur gehören zu unseren obersten Unternehmenszielen.
Gemeinsam mit unseren Partnern und Lieferanten setzen wir uns
für eine klimaneutrale Buchproduktion ein, die den Erwerb
von Klimazertifikaten zur Kompensation des CO_2-Ausstoßes einschließt.
Weitere Informationen finden Sie unter: www.klimaneutralerverlag.de

Originalausgabe März 2021
© 2021 Knaur Verlag
Ein Imprint der Verlagsgruppe
Droemer Knaur GmbH & Co. KG, München
Alle Rechte vorbehalten. Das Werk darf – auch teilweise – nur mit
Genehmigung des Verlags wiedergegeben werden.
Redaktion: Ralf Lay
Covergestaltung: Jürgen Katzenberger
Coverabbildung: Shutterstock.com/Anna Kucherova
Alle Abbildungen im Innenteil: le-tex publishing services GmbH, Leipzig,
nach Maja Günther; Darstellungen der *Fünf Säulen der Identität* in Anleh-
nung an das gleichnamige Modell von Prof. Dr. mult. Hilarion G. Petzold:
le-tex publishing services GmbH, Leipzig, nach Maja Günther.
Satz: Adobe InDesign im Verlag
Druck und Bindung: CPI books GmbH, Leck
ISBN 978-3-426-67599-1

2   4   5   3   1

Für Carlo, meinen Mann,
der immer an mich glaubt und mich in allem unterstützt,
und für Anton, unseren wunderbaren Sohn.
Danke, ihr seid toll!

Inhalt

Einleitung 9

1. Warum wir uns überhaupt vergleichen 11
Was hat sie, was ich nicht habe? –
Theorie des sozialen Vergleichs 12
I feel good – Belohnungszentrum und Dopamin 13
Höher, schneller, weiter –
Vergleiche, um zu wachsen 17
Kinder, Kinder – Vergleiche im Nachahmungsprozess . 19
Er so, sie so – Verglichen werden 24
Schule machen – Vergleiche im Lernumfeld 29
Dazugehören – Vergleich im sozialen Miteinander . . . 32
Wäre ich du – Vergleiche als Urteil 36
Die Schlüsselloch-Perspektive –
Die Gefahr von Vergleichen 38
An der Oberfläche – Vergleiche in den Medien 43
Wirtschaftsfaktor Verunsicherung –
Vergleiche in der Werbung 50
Alte Wunden – Kritik aus der Vergangenheit 54

2. Gute Vergleiche, schlechte Vergleiche 61
Der Aufwärtsvergleich 61
Exkurs: Neid 65
Der Horizontalvergleich 71
Der Abwärtsvergleich 76
Exkurs: Resilienz 79
Ein kaum zu erreichendes Ideal 83

3. Der Vergleich als Hinweisschild   85

Die fünf Säulen der Identität 85

Glaubenssätze 105

4. Ich bin das Maß aller Dinge   121

Das kleine Wörtchen »man« 121

Exkurs: »Richtiges« und »falsches« Verhalten 130

Jeder Mensch ist einzigartig 134

Exkurs: Das Streben nach Glück 138

Deine Einzigartigkeit 140

Innere Stärke finden 144

Du bist du 156

5. Wachse über dich hinaus!   161

Routinen verlassen – Raus aus der Komfortzone! 161

Über seinen Schatten springen –

    Eigene Kompetenzen nutzen 164

(Selbst-)Liebe wird aus Mut gemacht –

    Scheitern gehört dazu 167

Exkurs: Authentizität 173

Die eigene Meinung kundtun –

    Harmonie ist nicht alles 177

Epilog: Sei du selbst! Die Welt wird sich anpassen   183

Anhang   187

Verzeichnis der Übungen 187

Anmerkungen 189

Kontakt 191

Einleitung

Wir lieben Vergleiche, auch wenn sie hinken oder humpeln. –
Dieser Satz geht auf den deutschen Satiriker und Journalisten Klaus Klages zurück. Er trifft den Nagel auf den Kopf: Menschen vergleichen sich, immerzu und überall.

Sie tun das aus den unterschiedlichsten Gründen, meist mehrfach am Tag und oft mit einem niederschmetternden Ergebnis für ihr Selbstwertgefühl. Denn zu viele Vergleiche können dafür sorgen, dass wir uns klein und minderwertig fühlen. Wir vergleichen uns in der Regel nicht mit schwächeren, hässlicheren, weniger erfolgreichen oder weniger gebildeten Menschen. Nein, wir nehmen uns diejenigen, die am meisten strahlen, die erfolgreich, schön, attraktiv sind und es bis ganz nach oben geschafft haben. In jedem Fall sehen wir uns einer Person gegenüber, die in unseren Augen höher steht als wir.

Das Problem dabei ist: Wer sich ständig mit anderen vergleicht, verletzt sich dauerhaft selbst und schadet seinem Selbstwert. Das führt in vielen Fällen zu einem unzufriedenen Leben und einer Weltanschauung, die zwischen »mir« und »den anderen« unterscheidet. Auch psychische Erkrankungen, das Gefühl, ausgegrenzt zu werden oder kein integrierter Teil einer Gesellschaft zu sein, können die Folge der nicht enden wollenden Vergleiche sein. Sie stören unser soziales Gleichgewicht und sorgen dafür, dass wir uns nicht nur von uns selbst, sondern vor allem von den anderen entfremden.

Ich möchte dich dazu einladen, dich für Situationen zu sensibilisieren, in denen du dich vergleichst und darunter leidest. Herauszufinden, wie häufig und intensiv du den

Vergleich bereits in dein Leben gelassen hast und wie häufig er deine Handlungen, deine Gedanken, vor allem aber deine Gefühle beeinflusst, ist durchaus kompliziert. Deshalb halte ich es für wichtig, dass du erst einmal verstehst, wie der Vergleich auf psychischer und emotionaler Ebene funktioniert. Ich werde dir erklären, wo Vergleiche herkommen, wie sie wirken, was du aus ihnen lernst und wie du dir schließlich deiner Einzigartigkeit bewusst werden kannst. Mithilfe zahlreicher Übungen möchte ich dir zeigen, wie du aus der Vergleichsfalle herauskommst. Denn wenn du erst einmal erlebt hast, weshalb du einzigartig und deshalb unvergleichlich bist, wirst du ein zufriedenerer Mensch, der darüber hinaus auch die anderen in ihrer Anders- und Einzigartigkeit akzeptieren kann. Lern dich selbst kennen! Werde der beste Experte, den es für dich gibt.

Warum gerade ich? Ich bin Maja Günther und arbeite seit vielen Jahren als therapeutische Beraterin und Coach für große Unternehmen, aber auch für Privatpersonen und Paare. In meiner Praxis begegne ich immer wieder Klienten, die sich zu ihren Ungunsten mit anderen vergleichen. Die frustriert sind, traurig, wütend und mutlos, weil sie denken, dass sie weniger wert sind als andere Menschen.

Mein Ziel ist es, dir dabei zu helfen, dein vergleichendes Verhalten aufzuspüren, es dir bewusst zu machen und dich davon zu befreien. Mit einem gesunden Selbstwertgefühl und der Gewissheit, dass du – genau wie jeder andere Mensch – einzigartig und damit unvergleichlich bist, gelingt es dir nämlich viel leichter, das Vergleichen zukünftig sein zu lassen. Dich gibt es nur einmal, deswegen darfst du damit aufhören, dich mit anderen zu messen oder sie gar übertreffen zu wollen. Ich hoffe, dich auf dem Weg zu der Erkenntnis, dass du das Maß deiner Dinge bist, begleiten zu dürfen.

Ich wünsche dir alles Gute auf deinem Weg!

1.
Warum wir uns überhaupt vergleichen

Unsere moderne Welt wird bestimmt von Vergleichen. Auch in meiner Tätigkeit als Coach und Beraterin ist eines der Hauptthemen immer wieder der Vergleich mit anderen. Frauen vergleichen sich mit Männern, Männer mit Frauen, Töchter mit Müttern, Söhne mit Vätern, Kollegen mit Kollegen, Angestellte mit Vorgesetzten. In den meisten Fällen geht das Vergleichen für diejenigen, die es tun, nicht gut aus. Das heißt, dass sie sich schlechter fühlen, nachdem sie sich selbst, ihren Körper, ihre Leistung oder ihren Besitz in Relation zu einem anderen gesetzt haben. Sie tappen in die Vergleichsfalle, und die schnappt gnadenlos zu.

Wenn ich mir ansehe, wie frustrierend, ermüdend und deprimierend die meisten Vergleiche sind, frage ich mich zwangsläufig: Warum vergleichen wir uns *überhaupt*? Können wir es nicht einfach sein lassen und uns sagen: »Ich bin, wie ich bin, und du bist, wie du bist, und das ist auch gut so«? Es wäre schön, wenn wir alle fortan so denken könnten. Dann wäre das Buch, das du in den Händen hältst, nur zwölf Seiten lang, und die meisten Therapeuten könnten ihre Praxis dichtmachen.

Ist Vergleichen ausschließlich schlecht? Nein. Fakt ist: Sich mit anderen zu vergleichen, hat oft negative Auswirkungen, ist im Grunde jedoch ein recht nützlicher Mechanismus, den die Natur in unser Gehirn eingebaut hat.

Was hat sie, was ich nicht habe? –
Theorie des sozialen Vergleichs

Der US-amerikanische Sozialpsychologe Leon Festinger gilt als Pionier auf dem Gebiet des sozialen Vergleichs. Er formulierte 1954 als Erster die These, dass Menschen durch den Vergleich mit anderen Informationen über das eigene Selbst gewinnen.[1] Festinger ging davon aus, dass dem Menschen als soziales Wesen das Bedürfnis innewohnt, seine Umgebung realistisch einzuschätzen – und damit Aussagen über die eigene Persönlichkeit zu treffen. Darüber hinaus beobachtete er, dass Menschen offenbar fortwährend motiviert sind, die individuellen Fähigkeiten und Lebensumstände zu verbessern. Über den sozialen Vergleich erlangen Menschen also die Möglichkeit, sich selbst im Verhältnis zu anderen einzuschätzen und die eigenen Bemühungen dementsprechend anzupassen. Die meisten von uns tendieren dazu, sich mit Personen ähnlichen Hintergrunds oder ähnlicher Fähigkeit zu vergleichen, vor allem dann, wenn objektive Maßstäbe fehlen.

Das klingt in der Theorie viel komplizierter, als es in Wahrheit ist. Denn dass wir schon im Kindesalter vergleichen, erkennen wir beispielsweise an den Schultüten, die zur Einschulung geschenkt werden. Natürlich freut sich jeder Abc-Schütze über die Tüte, die Mutter oder Vater am großen Tag überreichen – wirklich einschätzen, wie »wertvoll« der Inhalt der Tüte ist, kann das Schulkind jedoch erst, wenn auch die anderen ihre Gaben auf den Tisch legen. Im besten Fall stellt der Schulanfänger fest, dass seine Eltern es mit ihm gut gemeint haben – oder aber der Frust beginnt schon am ersten Schultag und noch bevor die erste Zensur vergeben wurde, weil die Geschenke in der Schultüte weniger teuer, vielzählig oder einfallsreich waren.

Einer der wichtigsten Gründe, warum wir uns vergleichen, lautet also: um uns selbst und das, was wir haben, fühlen oder vermögen, einschätzen zu können.

Das tun wir aus gutem Grund, denn eine realistische Einschätzung der eigenen Fähigkeiten und Talente sichert das Überleben. Vielleicht nicht beim Beispiel mit der Schultüte, aber spätestens, wenn wir zum ersten Mal in ein Auto steigen und auf die Autobahn fahren, einen Skiabhang hinunterjagen oder auf das Zehnmeterbrett klettern, tun wir gut daran, ein grundsätzliches Gefühl für unsere Kenntnisse oder Befähigungen zu haben. Das Gehirn des Menschen ist so angelegt, dass es vorrangig zwei Ziele verfolgt: erstens das Überleben des Individuums sicherstellen, zweitens Energie sparen. Deswegen entstehen Ängste, deswegen entwickeln wir Routinen. »Schuld« daran ist das Organ in unserem Schädel, das alle Körperprozesse und maßgeblich auch unsere Gedanken steuert.

I feel good – Belohnungszentrum und Dopamin

Es gibt aber noch einen weiteren Grund, warum wir uns mit anderen vergleichen: Wir wollen uns gut fühlen. Hier kommen das Belohnungszentrum und der Treibstoff für gute Gefühle ins Spiel, das Dopamin. Würde es diesen Treibstoff nicht geben, der über das Belohnungszentrum in unserem Gehirn ausgeschüttet wird, wäre aus der Menschheit vermutlich nicht viel geworden. Wir hätten keine Stämme gebildet, kein Feuer gemacht und kein Rad erfunden, sondern würden wie ein Faultier den lieben langen Tag an einem Ast hängen und dösen – wenn wir es in der Evolution überhaupt so weit gebracht hätten.

Das Belohnungszentrum ist dafür verantwortlich, warum wir aufstehen, essen, Sport machen, Sex haben, Freunde treffen und so weiter, denn es schüttet besagtes Dopamin aus. Der Volksmund nennt Dopamin auch »Glückshormon«, was genau genommen nicht stimmt, denn es ist kein Hormon, sondern ein Neurotransmitter, der in einer komplizierten biochemischen Reaktion mit unseren Nervenzellen reagiert. Die genaue Beschreibung erspare ich dir an dieser Stelle.

Wichtig ist nur, dass du dir merkst: Immer dann, wenn sich etwas »gut« anfühlt, hat das Belohnungszentrum seine Arbeit verrichtet. Es macht uns glücklich, wenn wir ein leckeres Stück Kuchen gegessen, Zeit mit lieben Menschen verbracht oder einen Berggipfel bezwungen haben. Nur so ist zu erklären, warum wir uns überhaupt zu irgendetwas aufraffen. Die Aussicht, wieder in diesen zufriedenen Rausch der Gefühle zu kommen, treibt uns an – und kann uns gleichzeitig in die schlimmste Sucht oder das tiefste Unglück stürzen.

Dopamin wird im Grunde andauernd ausgeschüttet: nach dem Essen, beim Küssen oder Sport, während einer guten Unterhaltung, nach Erhalt einer freudigen Nachricht, aber auch, wenn wir unsere Lieblingsserie schauen oder ein Lied hören, mit dem wir schöne Erinnerungen verbinden.

Und: wenn wir uns mit jemand anderem verglichen haben und der Vergleich zu unseren Gunsten ausfiel.

Verantwortlich für die Menge an Dopamin, die ausgeschüttet wird, sind dabei die Belohnungswerte. Stell dir das wie bei »Let's Dance« vor: Du erlebst eine Situation oder erhältst eine Information und gleichst diese augenblicklich und vollkommen unbewusst mit deinen bisherigen Erfahrungen beziehungsweise deiner aktuellen Gefühlslage ab. Das Ergebnis deines internen Vergleichs spiegelt sich in den Belohnungswerten wider, die wie die Punktzahlen der Jury vergeben werden. Bei hoher Punktzahl wird eine größere Menge Dopamin ausgeschüttet, bei niedriger Punktzahl eine kleinere – oder gar keine, was heißt: keine Belohnung. Das bedeutet im Umkehrschluss, dass deine individuelle Bewertung dafür verantwortlich ist, ob das »Glückshormon« freigesetzt wird oder nicht – und wie viel.

Nimm zum Beispiel einen Apfel, den du von einer Marktfrau geschenkt bekommst. Zunächst einmal freust du dich, denn du hast mit keinem Geschenk gerechnet. Dein gutes Gefühl wird noch größer, als du siehst, dass niemand anderes von den Kunden vor dir einen Apfel bekommen hat. Dein Belohnungszentrum stellt dementsprechend Dopamin zur Verfügung, was du als kleinen Glücksrausch wahrnimmst. Nun kommt ein anderer Kunde an den Stand, und die Marktfrau schenkt ihm drei Äpfel. Dein eigener Apfel wirkt mit einem Mal recht kümmerlich – du bist vielleicht sogar enttäuscht; ein Gefühl, das ebenfalls von deinem Belohnungszentrum in Form von bestimmten Transmittern bereitgestellt wird.

Du verstehst, worauf ich hinauswill: Wie wir etwas bewerten, ob es gut oder schlecht, erfreulich oder unerfreulich ist, hat immer mit dem Referenzrahmen zu tun, innerhalb dessen wir das Ereignis abgleichen. Das ist ganz normal, das kann man auch nicht abstellen, denn für unseren Organismus ist diese Funktion überlebenswichtig.

Der Referenzrahmen, von dem ich gerade sprach, ist der Grund, warum manche Vergleiche mehr wehtun als andere. Der Vergleich mit einem Multimillionär zum Beispiel ist möglicherweise (es sei denn, du bist selbst einer) weniger frustrierend als mit der Kollegin, die in einer ähnlichen Position wie du arbeitet, aber 15 Prozent mehr Gehalt bekommt (sei es aufgrund ihrer längeren Beine oder wegen ihres besseren Verhandlungsgeschicks – das ist für den anschließenden Frust egal). Natürlich hat der Multimillionär im Vergleich zu dir noch viel mehr Geld als die Kollegin – doch euer beider Leben sind so unterschiedlich, dass du dir vermutlich nicht weiter darüber den Kopf zerbrechen wirst, warum er fünf Bentleys in der Garage stehen hat und du einen Golf.

Ein weiterer Grund, weshalb wir uns vergleichen, ist der intrinsische Wunsch des Menschen, sich zu verbessern. Auch hier kommen unsere Urahnen ins Spiel: Es war für unser Überleben zuträglich, wenn wir schneller, geschickter oder stärker waren als andere. Schneller rennen hieß, dem Säbelzahntiger zu entkommen. Cleverer kombinieren bedeutete, dem blöden Vieh beim nächsten Mal aus dem Weg zu gehen und sich das Wegrennen zu ersparen. Und fester draufhauen erklärt sich von selbst.

Das Vergleichen ist der Menschheit also in die Wiege gelegt, und zwar wortwörtlich. Denn auch wenn die Zeit, in der wir in Höhlen lebten und uns in Mammutfelle wickelten, aus unserer heutigen Perspektive eine Ewigkeit entfernt scheint: Verglichen mit dem Alter der Erde, ist unsere Gattung erst seit etwa einem Wimpernschlag auf dem Planeten. Kein Wunder, dass sich unsere Gehirne immer noch im Steinzeit-Programm befinden. Wir sind quasi erst vor fünf Minuten aus der Ursuppe gekrochen.

Höher, schneller, weiter –
Vergleiche, um zu wachsen

Bis heute prägt die frühzeitliche Entwicklung des Gehirns unser Verhalten – deshalb kann uns der Vergleich mit anderen auch helfen, höhere Leistungen zu erzielen. Sportler sind in der Regel schneller oder stärker, wenn sie ein Rennen oder einen Wettkampf in Konkurrenz zu einem anderen Athleten absolvieren. 2014 haben Forscher der Universität von Saskatchewan in Kanada untersucht, welche Auswirkungen der direkte Leistungsvergleich auf die Trainingsintensität und -dauer hat. Sie teilten knapp siebzig Sportler in zwei Gruppen auf und stellten folgende Aufgabe: so lange wie möglich im Ganzkörperstütz auf Ellenbogen und Füßen ausharren. Der Versuch wurde zweimal hintereinander durchgeführt, zwischen den beiden Durchgängen lagen drei Minuten Pause.

In dieser Pause teilten die Forscher Gruppe A mit, dass 80 Prozent von Gruppe B länger durchgehalten hatten als Gruppe A. Der Vergleichsgruppe B wurde hingegen nichts gesagt. Und siehe da: Im zweiten Durchgang konnte Gruppe A ihre Leistung messbar steigern, und zwar um 5 Prozent. Ein bemerkenswertes Ergebnis – allein durch die neue Information konnten die Forscher die Gruppenteilnehmer A zu mehr Leistung motivieren. Gruppe B schnitt im zweiten Durchlauf hingegen deutlich schlechter ab. Ihre Leistung brach um fast 20 Prozent ein, da sie ja schon im ersten Durchgang bis an ihre Belastungsgrenze gegangen waren. Es kommt aber noch besser: Gruppe A zeigte sich, nachdem sie von den Ergebnissen des ersten Durchgangs in Gruppe B gehört hatten, deutlich vertrauensvoller, was ihre eigene Leistung angeht. Knapp 60 Prozent gaben vor dem zweiten Durchgang an, ihre Leistung noch einmal steigern zu können. Vor der Information, dass Gruppe B besser abgeschnitten hatte, waren es nur 45 Prozent.[2]

Unsere innere Einstellung ist also in der Lage, uns zu erstaunlichen Leistungen zu motivieren. Für unser Überleben zwischen Säbelzahntiger und Mammut war dies schon vor Hunderttausenden von Jahren zuträglich, und auch heute steuern uns dieselben Mechanismen. Wir joggen ausdauernder, wenn wir einen Trainingspartner haben, sind motivierter, wenn wir mit fähigen Kollegen zusammenarbeiten, und zeigen uns disziplinierter, wenn wir mit anderen gemeinsam Diät halten (nicht zuletzt ist dies einer der Gründe, warum beispielsweise die »Weight Watchers« seit Jahrzehnten so erfolgreich sind). Das alles tun wir, weil wir uns mit den anderen vergleichen und so über uns hinauswachsen. Der Vergleich kann uns also zu einer besseren Version unseres Selbst machen.

Auch Vorbilder haben die Funktion, uns aufzuzeigen, was potenziell möglich ist. In der griechischen Antike waren es die Heroen, seit dem 20. Jahrhundert sind es die Idole und Stars, die von uns bewundert werden. Oft, wenn auch nicht immer, verfügen diese »Besten ihrer Art« über eine bestimmte Eigenart oder Kraft, ein besonderes Talent oder Aussehen, dem wir nacheifern. Aber Vorbilder müssen nicht immer prominent sein, auch Verwandte, Bekannte oder Personen des eigenen Umfelds haben das Zeug, uns zu inspirieren. An ihnen legen wir unsere Messlatte an, sie ahmen wir nach, in unseren Leistungen, unserem Äußeren, unserem Denken oder unserem Handeln. Manchmal werden aus den Vergleichen, die wir in Zusammenhang mit Idolen und Vorbildern anstellen, sogar (abgekürzte) Slogans wie »W. W. J. D.« für »What would Jesus do?« (»Was würde Jesus tun?«): Das soll in vier Buchstaben beziehungsweise einfachen Wörtern an die Prinzipien gemahnen, nach denen die biblische Figur der Überlieferung nach in verschiedenen Situationen reagiert, gehandelt oder gedacht hat, und des Normalsterblichen Handeln positiv beeinflussen.

Vergleiche, egal ob mit echten oder fiktiven, lebenden oder verstorbenen, unbekannten oder prominenten Personen, helfen also, das eigene Selbst einzuschätzen und uns anzuspornen. Gibt es jemanden oder etwas, der oder das Orientierung verschafft, fällt es leichter, den Platz in der Welt zu finden. Damit können Vergleiche, vor allem in jungen Jahren, identitätsstiftend und der eigenen Persönlichkeitsentwicklung förderlich sein. Gerade Teenies neigen aus diesem Grund dazu, sich zu Fans einer Sache oder einer Person zu entwickeln – und sei es nur, um einen komplett anderen Weg als den ihrer Eltern oder Geschwister einzuschlagen.

Kinder, Kinder –
Vergleiche im Nachahmungsprozess

Auch der Nachahmungsprozess, den wir als Babys und Kleinkinder durchlaufen, bedient sich des Vergleichs. Wir lernen das Vergleichen von Anfang an, ja, es ist sogar wichtig, weil es uns dazu ermutigt und befähigt, uns weiterzuentwickeln. Als Babys sind wir ja umgeben von Menschen, die alles können: laufen, reden, den Löffel halten, sich die Hose anziehen, Schuhe binden … Und wir können nichts. Oder zumindest nicht viel. Wenn du dich nur für einen kurzen Moment in das Leben eines Babys oder Kleinkindes hineinversetzt, wird dir klar, wie hilflos diese kleinen Wesen sind – und wie groß ihr Hunger darauf, all die Dinge zu können, welche die großen Leute mit Selbstverständlichkeit tun.

Denn für ein Kind ist vollkommen klar: Wenn die Großen laufen können, kann ich das doch eigentlich auch.

Als Kinder schauen wir uns Verhaltensweisen ab und versuchen, dieses auf gleiche Weise wiederzugeben. Eine Mutter lacht ihr Baby an, und das Baby lacht zurück. Würde es seiner engsten Bezugsperson nicht nacheifern, würde es keine Mimik entwickeln und es später schwer haben, die Gesichtsausdrücke anderer zu deuten. Auch beim Erlernen von Gehen, Sprechen und Essen imitiert ein Kleinkind im Grunde die Menschen um sich herum. Es lernt, wie man den Löffel zum Mund führt und selbstständig isst, zieht sich an Möbeln hoch und macht die ersten wackligen Schritte oder versucht, die Laute nachzubilden, die das Umfeld andauernd von sich gibt. Es gibt zwar Unterschiede in der Entwicklung der Kinder (manche lernen erst laufen und dann sprechen, bei anderen ist es umgekehrt), grundsätzlich passiert der Lernvorgang bei allen Kindern jedoch zunächst durch Nachahmung. Die Eltern oder Bezugspersonen werden in diesem Moment zum Vorbild. Sie leben dem Kind jedes Verhalten und jede Handlung vor. Manchmal kopiert das Kind so gut die Bewegungen oder Handlungen seiner Eltern, dass es im Erwachsenenalter geht wie die Mutter oder redet wie der Vater. Häufig erkennt man familiäre Besonderheiten in der Mimik, die von den Kindern übernommen wurden. Kennst du das auch, dass du jemanden siehst, der sich wie eines seiner Elternteile bewegt, lacht oder spricht?

Wie du dir sicher denken kannst, birgt die Nachahmung Gefahren. Babys und Kinder suchen sich ihre Vorbilder nämlich nicht selbst aus – sie haben in keinem bewussten Vorgang beschlossen, dass das Verhalten der Eltern besonders nachahmenswert ist. In ihrer gesamten Existenz sind sie von ihrem Umfeld abhängig. Kinder übernehmen demnach gute wie schlechte Verhaltensweisen und stehen später im Leben vor der Herausforderung zu entscheiden, wer sie sein und wie sie leben wollen. Aus diesem Grund reflektieren sie das zunächst unreflektiert nachgeahmte Verhalten. Sie machen sich ihre eigenen Werte bewusst und vergleichen das gelernte Verhalten mit dem Verhalten anderer Menschen. Wie gehen andere Väter oder Mütter mit ihren Kindern um? Wie ist das in den Familien der Freunde, im Bekannten- oder Verwandtenkreis? Das Erwachsenwerden ist in großen Teilen so schmerzhaft und anstrengend, weil wir uns wieder von den Vorbildern, die uns bis zu diesem Zeitpunkt geprägt haben, abnabeln und anfangen, unser eigenes Leben zu leben. Je älter wir werden, desto besser lernen wir uns kennen und desto klarer wird unsere Idee davon, wie wir uns verhalten wollen. Das Tückische an diesem Prozess ist, dass er in der Regel unbewusst stattfindet. Erst viel später erkennen wir, dass uns so mancher Glaubenssatz, den wir jahrelang zu erfüllen versuchten, in die Irre führt.

Der Prozess der Loslösung kann unterschiedlich lange dauern und auch gestört werden. Deshalb fühlen sich viele Menschen bis in die Zwanziger, Dreißiger oder sogar Vierziger verunsichert und wissen nicht, was sie brauchen, um ihr Leben zur eigenen Zufriedenheit und nach ihren eigenen Werten und Normen zu gestalten. Eltern, die in ihrer Erziehung viel geschimpft oder ihre Kinder ständig kritisiert haben, die es nicht ertragen konnten, wenn mal was herunterfiel oder wenn das Kind sich dreckig machte, richten zuweilen schlimme Dinge in der Persönlichkeit ihrer Kinder an. Denn der unentwegte Tadel, die fehlende Toleranz und Ungeduld im Lernprozess können bei Kindern zu großen Verunsicherungen führen – oder sogar zur Unfähigkeit, den eigenen Weg zu finden.

Ein Beispiel: Ein Kind lernt, selbstständig zu essen. Es schaut den anderen zu, wie sie den Löffel zum Mund führen, vergleicht ihr Verhalten unbewusst mit seinem eigenen und will fortan nicht mehr gefüttert werden, sondern es selbst versuchen. Bei seinen ersten Übungen mit dem Löffel trifft das Kind natürlich nicht immer den Mund. Das Essen verteilt sich im Gesicht, auf dem Tisch, auf dem Boden und auf den Kleidern. Wenn mit diesem Kind immer geschimpft wird, dass es sich dreckig macht, und die Eltern bei jedem seiner Versuche mit einem gestressten oder ärgerlichen Gesicht wahrnimmt, wird es vermutlich daraus schließen, dass der Versuch, selbstständig zu essen, von den Eltern negativ gewertet wird. Das Kind kann nicht unterscheiden, ob die Eltern sauer sind, weil das Essen auf dem Boden liegt oder weil sich das Kind schlecht verhält. In diesem Moment bildet sich der erste, leider nicht förderliche Glaubenssatz im jungen Unterbewusstsein des Kindes: »Ich bin schlecht, so wie ich bin.« Oder: »Andere Kinder machen nicht so viel kaputt wie ich.« Kinder, die in einem strengen, wenig liebevollen Elternhaus aufgewachsen sind, brauchen oft Jahre, sich so weit selbst zu stabilisieren, dass sie sich ihres eigenen Wertes bewusst werden.

Dass Eltern von Zeit zu Zeit schimpfen, ist natürlich normal und muss auch manchmal sein. Solange sie ihrem Kind das Gefühl geben, grundsätzlich akzeptiert und geliebt zu werden, wird es keine hinderlichen Glaubenssätze oder sich zu einer unsicheren Person entwickeln. Dieses Grundgefühl der bedingungslosen Liebe kann in der Erziehung deshalb gar nicht genug Bedeutung haben.

Ich hatte mal einen etwa vierzigjährigen Mann in der Beratung, der mir schilderte, dass er sich immerzu schuldig fühlte, auch wenn er wisse, dass er nichts falsch gemacht habe. Er zuckte jedes Mal zusammen, wenn etwas herunterfiel und in die Brüche ging – beinah sofort kam ein Schuldgefühl in ihm auf. Auf die Frage, wie lange ihm das schon so gehe, erwiderte er, dass er sich nicht erinnern könne, jemals ohne Schuldgefühl existiert zu haben. Er schilderte mir, dass immer, wenn in seiner Kindheit zu Hause etwas kaputtgegangen war, sein Vater mit ihm geschimpft hatte. Das ging so weit, dass er anfing, sich zu verstecken oder es zu verheimlichen, wenn etwas passiert war. Keine gute Idee, denn so wurde er auch noch der Heimlichtuerei und Unaufrichtigkeit beschuldigt, wenn sein Vergehen zwangsläufig ans Licht kam. Der Mann berichtete, er habe es in diesen Momenten nicht einmal mehr geschafft, sich zu entschuldigen oder zu erklären, was passiert war.

Wenngleich es aus erwachsener Sicht nicht schlimm ist, wenn etwas zu Bruch geht, war die fatale Folge seiner Erfahrung, dass er sich das Verhalten als Mechanismus antrainierte und es ihn bis ins Erwachsenenalter hinein begleitete. Immer wenn er Fehler machte, verheimlichte er diese und fühlte sich gleichzeitig schuldig. Am Verheimlichen war er genau genommen auch »schuld«, aber für die Ursache konnte er nichts. Es dauerte eine Weile, bis er mit diesem Wissen über den Ursprung seines schlechten Gewissens anfangen konnte, über seine Fehler zu sprechen. Erstaunt stellte er fest, dass die erwartete Konsequenz, dass der andere wütend und abwertend reagieren würde, gar nicht eintraf.

● Wann vergleichst du dich?

Schreib auf, in welchen Situationen du dich vergleichst. Sind es eher berufliche oder private Situationen? Finden die Vergleiche in Bezug auf deinen Körper oder deinen Charakter statt? Vergleichst du dich eher mit Menschen, die du kennst, oder Menschen, die du aus den Medien kennst?

Hinweise auf Vergleiche sind oft die Momente, in denen du dich schlecht, blöd, ungebildet oder hässlich fühlst. Überleg dir also, womit du an dir unzufrieden bist, und liste die zugehörigen Situationen auf.

Er so, sie so –
Verglichen werden

Wir lernen aber nicht nur, indem wir uns selbst mit anderen vergleichen, wir werden auch verglichen.

Vor Kurzem fuhr ich mit dem Zug von München nach Hamburg und wurde unfreiwillig Zeugin einer Form von Erziehung, die mich auch heute noch frösteln lässt. Mir gegenüber saß eine Mutter mit ihren beiden Töchtern, die eine im Kindergartenalter, die andere vermutlich sechs oder sieben, auf jeden Fall gerade eingeschult. Weil die Mutter sich nicht gerade bemühte, leise zu sprechen, erinnere ich mich sogar noch an die Namen der Kinder; dennoch wollen wir die Kleine hier Lena und die Ältere Julia nennen. Über die gesamte Fahrt von immerhin sechs Stunden wurden Schulaufgaben erledigt. Schnell begriff ich, dass Julia ein wie auch immer geartetes Problem mit dem Lesen haben musste. Sie verwechselte Wörter, schrieb Buchstaben in der falschen Reihenfolge, hatte Schwierigkeiten, Texte laut vorzulesen. Auch die Kleine übte fleißig mit und lernte gerade das Alphabet auswendig, während die Größere damit beauftragt wurde, das Wort »Schulhof« korrekt zu schreiben. Ich wurde hellhörig, als die Mutter die mangelhaften Leistungen ihrer älteren Tochter mit denen der jüngeren verglich: »Schau mal, Julia, das hast du falsch gemacht. Lena hat es richtig geschrieben, die strengt sich mehr an als du.«

Ich vergrub mich in einem Buch und versuchte, die Szene auszublenden. Erziehung ist allen Eltern selbst überlassen, und es stand mir nicht zu, mich einzumischen. Dennoch spürte ich, dass ich immer wütender auf die Mutter wurde, die ihre Kinder nicht nur über sechs Stunden triezte (von kurzen Pausen einmal abgesehen, in denen sie beschloss:

»Jetzt schauen wir mal aus dem Fenster!«, um kurz danach zu verkünden, dass das nächste Wort anstand), sondern die Lernerfolge der offenbar nicht gleich begabten Mädchen so schonungslos miteinander verglich. Meine Zurückhaltung wurde jedoch auf eine sehr harte Probe gestellt, als die Mutter schließlich anfing, Süßigkeiten zu verteilen und den Töchtern anschließend die Kalorienanzahl vorzulesen. »310 Kalorien. Dafür musst du eine Dreiviertelstunde laufen, um das wieder abzutrainieren.«

»Was sind denn Kalorien?«, fragte Lena irgendwann.

»Das ist das Ungesunde im Essen drin«, antwortete die Mutter lapidar.

Auch wer keine Kinder hat, erkennt, was in dieser Situation alles schieflief. Zum einen wurden die beiden Geschwister fortwährend miteinander verglichen, wobei Julia in diesem Vergleich eindeutig das Nachsehen hatte. Zum anderen wurde ihnen auch noch im zarten Alter von vier beziehungsweise sechs Jahren eingetrichtert, dass Kalorien schlecht sind und man beim Verzehr von Süßigkeiten ein schlechtes Gewissen haben muss. Wohlgemerkt hatte die Mutter keine anderen Lebensmittel dabei, die sie ihren Töchtern alternativ hätte anbieten können. Die Mädchen waren ihrer Mutter und deren Glaubenssätzen hilflos ausgeliefert. Denn Kinder glauben, was ihre Eltern sagen. Und so lernten sie, vermutlich nicht nur auf dieser Zugfahrt, dass sie a) in Konkurrenz zueinander stehen, b) ein Leben unter Kontrolle anstreben sollen und c) nicht genügen, so wie sie sind.

Am allerschlimmsten aber war, dass die Mutter ihre ältere Tochter andauernd mit normativen Aussagen gängelte: »In deinem Alter solltest du wissen, dass das F mit einem und nicht mit zwei Strichen geschrieben wird. Alle anderen wissen es doch, und du weißt es eigentlich auch.«

Das spornte die Kleine, Lena, an, sich über ihre Schwester

lustig zu machen: »Ich weiß schon, wie man das F schreibt, dabei bin ich kleiner als du! Aber du bist dümmer als ich, haha!«

Julia indes sank in ihrem Sitz immer mehr in sich zusammen. Immer wenn die Mutter ihr eine Frage stellte (»Wie schreibt man dies? Wie buchstabiert man jenes?«), meldete sich Lena ungefragt zu Wort und krähte: »Das weiß ich! Soll ich es sagen?« Es war zum Davonlaufen. Wenigstens hier hatte die Mutter ein Einsehen, denn sie versuchte, die Jüngere zurückzuhalten und Julia die Chance auf eine richtige Antwort zu geben. Allerdings blieb der gute Wille nicht lange erkennbar, denn sie versuchte, die Ältere mit Sätzen in dieser Art zu ermuntern: »Wenn du dich genug anstrengst, weißt du die richtige Antwort auch, genau wie Lena.«

An diesem Beispiel lässt sich erkennen, wie viel allein schon innerhalb der Familie schieflaufen kann. Sie ist der erste Beziehungsrahmen, den wir haben – und natürlich lässt es sich nicht vermeiden, dass man als Eltern von Zeit zu Zeit seine Kinder miteinander vergleicht. »Peter konnte schon früher laufen als du.« Oder: »Antonia hat als Baby kein Essen bei sich behalten können, du warst da einfacher.« Es ist keine böse Absicht, wenn eine Mutter oder ein Vater von den unterschiedlichen Erfahrungen mit ihren Kindern erzählt – doch es hat eine Auswirkung. Und es kann richtig in die Hose gehen und schwere Persönlichkeitsstörungen auslösen, wenn Eltern ihre Kinder in dem Glauben erziehen, der Vergleich möge sie anspornen. Im schlimmsten Fall zementieren sie damit nur das ohnehin schon schwierige Geschwisterverhältnis, das unter den andauernden Vergleichen selbstredend leidet.

Das eigene Nest

Ich möchte dich darum bitten, dir Gedanken darüber zu machen, welchen »Ruf« du in deiner Familie genießt. Giltst du als schwarzes Schaf? Als Muttersöhnchen? Als Prinzessin? Als Revoluzzerin? Als Papakind? Oder als Einzelgänger? Was ist deine Rolle in der Familie? Überleg dir, wann in deinem Leben du dich in den Augen der anderen in diese Richtung entwickelt hast beziehungsweise in die Rolle begeben hast, die dir auferlegt wurde. War das in der Pubertät? Oder davor/danach?

Als Nächstes denk über folgende Frage nach: Nimmst du dich selbst heute auch so wahr? Oder ist das eine familiäre Zuschreibung? Erkennst du diese auch in anderen Bereichen deines Lebens wieder? Ist die Zuschreibung Teil deiner Persönlichkeit geworden?

Möglicherweise bist du die Person gar nicht mehr, die deine Familie immer noch in dir sieht – oder möchtest sie nicht mehr sein. Frag dich, welche Zuschreibungen du bereits hinter dir gelassen hast und welche du noch loswerden möchtest. Dafür musst du deine Eltern und Geschwister nicht an den Tisch zitieren, wenn du es nicht möchtest, um ihnen in aller Ernsthaftigkeit zu sagen, dass du dein Leben mittlerweile auf die Reihe gekriegt hast, mit Geld umgehen kannst oder zum Lachen nicht (mehr) in den Keller gehst. Die Transformation findet nicht in deiner Familie, sondern in dir statt. Das heißt: Leg ab, was dich hemmt oder aufhält, und sei, wer du sein willst.

Wenn du beim nächsten Mal auf deine Familie triffst, beobachte dein Verhalten. Reagierst du immer noch voller Jähzorn, wenn deine ältere Schwester dich piesackt? Oder verkrümelst du dich beleidigt in die Ecke, wenn Witze auf deine Kosten gemacht werden? Vielleicht quatschst du allen anderen auch immer dazwischen oder kriegst die Zähne nicht auseinander? Erinnere dich an dein Vorhaben: Du bist, wer du sein willst – nicht, wen die anderen in dir sehen. Probier alternative Verhaltensmuster aus, mit denen du dich wohler fühlst. Und dann sei gespannt, was passiert.

Besonders problematisch wird es, wenn Eltern ihre Kinder mit dem jeweilig anderen Elternteil vergleichen – und es nicht nett damit meinen. »Du bist genau wie deine Mutter! Alles nimmst du persönlich.« Oder: »Du wirst mal wie dein Vater, sturköpfig und uneinsichtig.« Ganz ehrlich? Diese Aussagen sollten samt und sonders aus dem Repertoire elterlicher Sätze gestrichen werden. Kein Kind ist das Ebenbild seines Vaters oder seiner Mutter – das meiste, was sie auszeichnet, die guten wie die schlechten Seiten, haben Kinder gelernt. Und von wem? Genau, von den nächsten Vorbildern.

Kommen wir zurück zu Julia. Das arme Mädchen kann nichts für seine Lernbehinderung – und dennoch hat der Umstand, dass sie schlechter lesen, schreiben, rechnen und sich konzentrieren kann als andere, katastrophale Auswirkungen auf ihr Leben. Sie »darf« in der Zeit, wenn andere Kinder im Zug lesen, Filme schauen, malen oder Hörspiele hören, Schulaufgaben machen. Permanent wird sie dabei von ihrer Mutter gegängelt und auf ihr Defizit aufmerksam gemacht, und als besonderes Schmankerl reibt die vierjährige Schwester ihr unentwegt unter die Nase, dass sie besser und klüger ist als die Erstklässlerin. Auch in der Schule wird Julia sicher schon bemerkt haben, dass sie Schwierigkeiten mit dem Stoff hat, der den anderen offenbar leicht von der Hand geht.

Ich möchte noch einmal daran erinnern: Das Kind ist etwa sieben Jahre alt und wird durch die ganze Vergleicherei schon heute so in seiner Persönlichkeit verunsichert, dass sich diese Irritation vermutlich nicht einfach so »verwachsen« wird.

Schule machen –
Vergleiche im Lernumfeld

Nun muss ein Kind keine Lernbehinderung oder Lese-Rechtschreib-Schwäche haben, um im familiären oder schulischen Vergleich den Kürzeren zu ziehen. In der Schule werden unsere Begabungen sichtbar. Dank der großen Fächerauswahl dürfen wir uns in allen möglichen Feldern ausprobieren und begreifen, welche Fähigkeiten wir haben. Wir lernen uns besser kennen, erfahren, was uns Freude bereitet, wofür wir viel oder wenig investieren müssen. Die Schule bietet die Chance, sicherer und selbstständiger zu werden und Selbstvertrauen aufzubauen. Allerdings ist jeder unterschiedlich begabt. Manche sind gut in Sport, andere in Kunst oder Mathe. Besonders in einem System, das die Kernfächer Mathe, Deutsch und eine Fremdsprache in der Notengebung bevorzugt behandelt, können Schüler, die ausgerechnet in diesen Fächern Schwierigkeiten haben, nur untergehen. Dabei ist der Lehrplan seit den Fünfzigerjahren nur marginal angepasst worden, aber vor siebzig Jahren war der Arbeitsmarkt ein ganz anderer. Heute geht es um Innovationen, Kreativität und selbstverantwortliches Arbeiten – nicht darum, möglichst viel Wissen in kurzer Zeit in den Menschen hineinzustopfen. Wissen ist überall und jederzeit verfügbar. In der Pädagogik kennt man dennoch den Begriff des »Bulimie-Lernens«, unter dem man das kurzfristige Auswendiglernen beliebigen Wissens versteht, das nach der Klausur meist in null Komma nichts wieder »ausgekotzt« wird. Unglücklicherweise werden die Probleme unserer Welt stets komplexer, was bedeutet, dass wir kreative Querdenker und mutige Visionäre brauchen, wenn wir uns den Herausforderungen stellen wollen. Aber wo sollen die herkommen, wenn in der Schule alle über einen Kamm geschoren werden oder einige im schlimmsten Fall sogar durchs System fallen, weil sie gegen den Strom schwimmen?

Einen noch viel größeren Anteil an der Misere, in der die deutsche Bildung steckt, ist meiner Meinung nach jedoch der Notendruck, unter dem die Schüler stehen. Mir ist klar, dass es nicht immer möglich ist, in einer Klasse mit bis zu dreißig Kindern auf jedes Talent individuell einzugehen und das Kind nach seinen eigenen Maßstäben zu bewerten. Das vorherrschende Notensystem versteckt sich unter dem Deckmantel der gerechten Bewertung. Es kann jedoch nicht für alle Kinder gerecht sein, denn Menschen sind nicht miteinander vergleichbar – Kinder, deren Fähigkeiten noch gar nicht ausgeprägt sind und die ihre Persönlichkeit erst entwickeln, erst recht nicht.

Und so sorgt das Bewertungssystem in der Schule vor allem für eines: Druck. Ein bisschen davon kann zu einer erhöhten Motivation und damit zur Leistungssteigerung führen. Wird der Druck aber zu groß, wirkt er leistungsmindernd und demotivierend. Der Umgang mit Druck ist individuell sehr verschieden. Auch das Gefühl dafür, was für uns Stress bedeutet, wird von jedem Menschen anders wahrgenommen. Deshalb ist es so schwer, ein Bewertungssystem zu finden, das zu jedem Kind passt.

Die negative Folge von Leistungsbewertungen ist ein schwindendes Selbstwertgefühl. In meinen Sitzungen ist das häufig das Kernthema. Ein Kind wird beispielsweise immer wieder kritisiert, weil es zu lange für die Hausaufgaben braucht und nie rechtzeitig fertig wird. Obwohl es alles weiß, bringt es die geforderten Antworten nicht in der vorgegebenen Zeit zu Papier und bekommt infolgedessen Noten, die seinem Wissensstand nicht entsprechen – nur weil es »zu langsam« ist.

Aber warum braucht es länger als die anderen? Die Gründe hierfür können ganz unterschiedlich sein. Es können mechanische Probleme beim Schreiben vorliegen, eine unerkannte Linkshändigkeit oder eine Konzentrationsschwäche. Es kann sein, dass das Kind mit dem Druck nicht klarkommt, etwas in einer vorgegebenen Zeit abliefern zu müssen. Oder dass es Angst vor der schlechten Zensur und dem enttäuschten Gesicht der Eltern hat.

Dennoch ist das Kind an sich schlau und fleißig. Es hat sein Bestes gegeben, gelernt, sich gut vorbereitet und versucht, das Ganze gewissenhaft zu Papier zu bringen. Und vielleicht ist es in der Mitarbeit im Unterricht auch viel besser, weil es sich dort für seine Antwort Zeit lassen kann.

Trotzdem werden die schriftlichen Arbeiten zum Problem. Das Kind wird angehalten, sich mehr zu beeilen. Es wird getadelt und immer wieder gefragt, warum es so lange braucht. Es kommen Vergleiche wie »Warum schaffst du das denn nicht? Alle anderen können das doch ohne Probleme«, und es kommt, wie es kommen muss. Irgendwann unterscheiden wir nicht mehr, ob wir für eine einzelne Verhaltensweise oder in unserer Persönlichkeit kritisiert werden. Wir fühlen uns minderwertig und transformieren das kritisierte Verhalten in einen Glaubenssatz: *Ich bin zu langsam. Ich bin nicht gut so, wie ich bin. Ich kann nichts.* Von dort aus ist es nicht mehr weit bis zu dem Punkt, an dem wir gar nicht mehr erkennen können, was liebenswert und wertvoll an uns ist.

In meiner Arbeit mit Erwachsenen lenke ich in solchen Momenten den Blick auf das, was gut ist. Wir sehen uns an, was die jeweilige Person ausmacht, decken die Stärken auf und nutzen diese für eine neue Perspektive. Indem der individuelle Wert des Einzelnen in den Fokus gerückt wird, gelingt es meistens, wieder ein Gefühl dafür zu bekommen, wie es ist, sich wertvoll zu fühlen. Gleichzeitig machen wir uns bewusst, dass es im Gehirn zu einer falschen Verknüpfung gekommen ist, die wir wieder auflösen können.

Schulprobleme – welche waren es bei dir? Schreib auf, wann und mit wem du dich im Schulumfeld verglichen hast beziehungsweise verglichen wurdest. Bezogen sich die Vergleiche auf deine Leistungen oder deine sozialen Kompetenzen? Hast du dich eher mit anderen verglichen, oder haben sich andere an dir ein Beispiel genommen? Wie hast du dich dabei gefühlt? Fallen dir in deiner heutigen beruflichen Situation Vergleiche auf, die du aus der Schule kennst?

Dazugehören –
Vergleich im sozialen Miteinander

Sich vergleichen bedeutet definitionsgemäß, sich mit jemandem zu messen, seine Fähigkeiten, Kräfte oder Ähnliches zu erproben. Dabei ist nicht das Ziel, dass alle gleich würden. Im Gegenteil, es ist ein natürliches Bedürfnis des Menschen, sich von anderen abzuheben und seine Einzigartigkeit zu leben. Im Vergleich steckt jedoch immer auch der Aspekt, so zu sein wie andere. Von sozialbiologischer Relevanz ist für uns vor allem das Angleichen.

Indem wir uns an den Verhaltensweisen anderer orientieren, lernen wir, uns in Gruppen oder Gemeinschaften angemessen zu verhalten. Je konformer wir uns an die Regeln einer bestimmten Gruppe halten, desto leichter ist der Umgang mit den Gruppenmitgliedern. Angepasstes Verhalten führt zu weniger Konflikten, hat aber natürlich auch seine Grenzen. Eine Art automatisch vorinstalliertes Programm des Gehirns ist auch, Konflikte grundsätzlich eher zu vermeiden als einzugehen. Denn die Harmonie sicherte in der grauen Vorzeit die Zugehörigkeit zur Gruppe – und damit unser Überleben.

Auch heute gleichen wir uns an, um ein Gemeinschaftsgefühl zu erleben. Daran ist nichts Schlechtes, denn würde jeder einfach so machen, was er will, hätten wir vermutlich große Probleme, als Gesellschaft zu überleben. Für den Einzelnen wichtig ist jedoch, sich selbst dabei treu zu bleiben und immer wieder zu hinterfragen, wie er zu den Regeln einer bestimmten Gruppe steht. Bei Rot nicht über die Ampel zu gehen, hat ja nicht nur einen rechtlichen und sozialen Nutzen, sondern ist der körperlichen Unversehrtheit in der Regel zuträglich. Und dass wir unseren Müll nicht einfach auf die Straße werfen, sondern Abfalleimer verwenden, sorgt schließlich auch dafür, dass wir uns in unserer Umgebung wohlfühlen. Aber müssen wir alle sonntags in die Kirche gehen? Oder nach dem Mittagessen einen Espresso trinken? In den Ferien in den Urlaub fahren? Oder zu Fisch nur Weiß- und zu Wild nur Rotwein trinken? Vergleiche sind in diesem Kontext gesund und hilfreich, denn sie helfen uns, die Regeln einer Gemeinschaft von Zeit zu Zeit zu hinterfragen und eine eigene Position oder Meinung herauszuarbeiten.

Wer sich dagegen permanent nur angleicht, ohne die eigenen Werte zu reflektieren, läuft Gefahr, andere zu überhöhen oder zu stilisieren. Vorbilder sind gut, aber wenn sie auf ein Podest gestellt werden und dafür sorgen, dass wir uns klein und unwichtig fühlen, verfehlen sie ihren Zweck. Denn die Überbewertung des Vorbilds hat eine Abwertung der eigenen Person zur Folge. Der andere erscheint so wichtig und großartig, dass es gilt, ihm möglichst nahe zu kommen. Das ist der Grundstein des ungesunden Vergleichs.

Deshalb ist es wichtig, die Selbstwahrnehmung zu schulen. Sind wir uns zu jeder Zeit unseres eigenen Wertes bewusst, haben wir die Wahl, was wir vom anderen annehmen oder übernehmen wollen. Das Vergleichen findet in einem gesunden, reflektierten Rahmen statt. Die Einsicht, dass wir uns nicht immer vergleichen *müssen,* beginnt mit der Wahrnehmung der eigenen Situation beziehungsweise der eigenen Person und Befindlichkeit.

Eine Klientin, die jahrelang eine sehr schwierige Beziehung zu ihrem Mann hatte, schilderte mir einmal sehr eindrucksvoll, wie ihr die Wahrnehmung ihres Selbstwertes dabei half, eine Entscheidung zu treffen. Sie kämpfte immer wieder um ihre Beziehung, wenngleich vieles nicht passte. Ihr Mann hatte sich zwischendurch in eine andere Frau verliebt, war dann aber wieder zu ihr zurückgekehrt. Sie liebte ihn und konnte sich ein Leben ohne ihn nicht vorstellen. Gemeinsam hatten sie viele schwierige Situationen durchgestanden und fühlten sich sehr verbunden. Dennoch spürte sie, dass er sich nie ganz auf sie einlassen konnte und irgendetwas fehlte.
Ich hatte sie bereits darauf aufmerksam gemacht, dass sie in den Sitzungen häufig und ausdauernd von ihm sprach. Sie erzählte mir manchmal den Großteil der Sitzung, wie es ihm ging, wie er sich verhielt und was er konnte und nicht beherrschte. Ich erinnerte sie daran, wie viel Raum er einnahm, obwohl die Stunde doch eigentlich ihre sei, und fragte sie, wie es ihr gehe. Das Erstaunliche: Sie konnte meine Frage nicht beantworten.
Wir vereinbarten, dass sie sich in nächster Zeit mehr auf sich und ihre Bedürfnisse konzentrieren solle. Meine Klientin verspürte Enttäuschung, Trauer und Wut, und es fiel ihr immer mehr auf, wie wenig sie von ihrem Partner hatte und wie wenig er zu geben in der Lage war. Nach einer Weile kam der Gedanke in ihr auf, dass sie etwas anderes brauchte. Sie wollte einen Partner, der sich voll und ganz auf sie einlassen konnte und sich zu der Beziehung mit ihr bekannte. Und

sie wusste, dass ihr aktueller Partner sich nicht verändern würde. So kam sie zu dem Entschluss, sich von ihm zu trennen – mit dem guten Gefühl, dass sie es wert ist, geliebt zu werden.

● Sich selbst behandeln wie einen geliebten Menschen

Gerade in schwierigen Beziehungen kann es sehr hilfreich sein, die Aufmerksamkeit auf die eigenen Bedürfnisse zu lenken. Ziel der Übung ist es, den eigenen Wert wahrzunehmen und sich so gut um sich selbst zu kümmern. Auch wenn wir von anderen ab und zu verwöhnt werden, gibt es doch niemanden außer uns selbst, der sich auf Dauer um unser Wohlbefinden kümmern kann.

Stell dir vor, du umsorgst den dir wertvollsten, liebenswertesten Menschen auf der Welt. Wie würdest du ihn behandeln? Behandle dich selbst genauso! Du kannst gleich morgens beim Aufstehen damit anfangen. Überleg dir, wenn du wach wirst, wie du dich fühlst. Wie geht es dir körperlich und seelisch? Fühlst du dich fit und ausgeschlafen? Oder müde und angestrengt?

Überleg, was du brauchst, um deine Kraftreserven aufzufüllen. Dabei geht es nicht darum, fünf Tassen Kaffee zu trinken, um den Tag zu überstehen. Vielmehr steht die Idee im Vordergrund, dass du einem sehr wertvollen Menschen etwas Gutes tust: Du behandelst *dich selbst* liebevoll und wertschätzend.

Denk darüber nach, was du frühstücken möchtest, welche Kleidung sich heute stimmig anfühlt und wie viel Zeit du brauchst, um entspannt in den Tag zu starten. Bau dir Pausen und Regenerationszeiten in den Tagesablauf ein. Stell dir über den Tag verteilt immer wieder bewusst die Frage, was du brauchst, was dir guttut und was du für dich tun kannst. Es reicht manchmal schon, eine Runde um den Block zu gehen, wenn du viel gesessen hast. Oder vor der Tür etwas frische Luft zu tanken. Manchmal nehmen wir nicht bewusst wahr, ob es uns zu warm oder zu kalt ist. Oder wir essen erst, wenn der Magen schon in den Kniekehlen hängt. Achte auf deine Grundbedürfnisse, und erfüll sie dir.

Wäre ich du –
Vergleiche als Urteil

Ein sehr heikles Thema, das mir in den letzten Jahren im Rahmen der Beratungen immer wieder begegnet, ist der Vergleich, um ein Urteil über jemand anderen zu fällen. Zum Beispiel beim unerfüllten Kinderwunsch. Wenn sich Paare, bei denen sich einfach keine Schwangerschaft einstellen will, mit Paaren vergleichen, die ohne Probleme Kinder bekommen, höre ich immer wieder den Satz: »Warum die und nicht wir? Was haben wir getan, dass wir kein Kind bekommen können?« Das Thema »Kinderwunsch« ist eng mit unserer Identität verknüpft. Es greift Frauen in ihrem Frausein und Männer in ihrer Männlichkeit an, wenn sie Kinder wollen, aber keine bekommen. Darüber hinaus betrifft es die gesamte Lebensplanung von Paaren und ist deshalb in vielerlei Hinsicht einschneidend und schmerzhaft.

Paare, die sich mit anderen vergleichen, treten im wahrsten Sinne des Wortes den Vergleich zwischen Äpfeln und Birnen an. Denn sie vergessen, dass sie völlig unterschiedliche Ausgangslagen haben. Beide Paare wissen nicht, wie sich das Leben des anderen anfühlt – und dennoch vergleichen sie sich. Das führt zwangsläufig zu Urteilen: Be-Urteilungen, aber auch Vor-Urteilen.

Das kinderlose Paar geht beispielsweise davon aus, dass es die anderen viel besser haben. Sie werden neidisch und manchmal wütend auf das mit Kindern beschenkte Paar, denken vielleicht sogar, dass die anderen das Glück gar nicht verdient haben oder nicht zu schätzen wissen. Dabei gehen sie davon aus, dass Kinder automatisch Glückseligkeit bedeuten – eine romantische Vorstellung, die sich spätestens in den ersten durchwachten Nächten, in denen das Baby wie am Spieß schreit, in Luft auflöst. Der Vergleich löst ausschließlich schlechte Gefühle aus und verhindert, dass sich das kinderlose Paar auf die eigene Lebensplanung und Plan B konzentriert. Sie sind von sich abgelenkt und schauen mit Neid und Wut auf das Gras auf der anderen Seite, das unweigerlich grüner ist. Permanent nehmen sie wahr, was ihnen im Leben fehlt, und sehen nicht, was sie haben und was gut ist. Vergleiche dieser Art sind geradezu toxisch – und vollkommen sinnlos. Es ist, als würde man ein Auto mit einem Schiff vergleichen. Das Auto kann nicht schwimmen und wird es nie können, das Schiff wird niemals auf Straßen fahren. Dennoch haben beide ihre eigenen Qualitäten. Ich kann als kinderloses Paar den Wunsch haben, Kinder zu bekommen – aber ich sollte nicht andere dafür verurteilen, dass sie welche kriegen.

Umgekehrt ist das Urteil oft noch verheerender. Es gibt nicht wenige Paare mit Kindern, die den unfreiwillig Kinderlosen vorwerfen, sie seien »zu verspannt, zu bemüht, zu verkrampft« oder, noch schlimmer, die Natur habe für sie keine Kinder vorgesehen und deshalb würden sie nicht schwanger werden können. Unfreiwillig kinderlose Paare werden oft verurteilt für Kinderwunschbehandlungen und wagen es nicht, offen darüber zu sprechen. Das stigmatisiert und erhöht den Leidensdruck noch einmal um ein Vielfaches. Auch der Vergleich aus dieser Richtung ist also toxisch, denn er führt zwangsläufig zu einem Urteil über das Leben anderer. Der einzige Punkt, der verglichen werden könnte, ist der Wunsch nach Kindern – das ist der kleinste gemeinsame Nenner.

● Echtes Zuhören

Gibt es eine Person in deinem Umfeld, bei der du dich schon einmal gefragt hast, ob sie das Richtige tut? Wenn ja, lass dir von ihr die Beweggründe für ihr Handeln schildern, und nimm ausnahmslos jedes Wort ernst. Versuch, nicht zu bewerten oder zu beurteilen, was sie sagt, auch wenn du in derselben Situation anders handeln würdest. Erkenne an, dass ihr unterschiedliche Menschen seid. Hör, was dir die Person sagt, und versuch, das Gesagte in deinen Worten zu wiederholen. So weiß der andere, dass du ihn verstanden hast.

Es ist erstaunlich, welche Wirkung es hat, aktiv zuzuhören. Oft sind wir nur damit beschäftigt, eine Lösung zu finden, ohne dass der andere danach gesucht hätte. Wenn wir dagegen allein schon in unseren Worten das Verstandene wiedergeben, fühlt sich unser Gegenüber gehört und kann selbst auf die Suche nach einer Lösung gehen.

Die Schlüsselloch-Perspektive –
Die Gefahr von Vergleichen

Die größte Gefahr beim Vergleichen ist, dass wir immer nur einen Ausschnitt der gesamten Situation sehen. Es zeigt sich uns nur ein bestimmter Teil einer Person. Beinah so, als würden wir durch ein Schlüsselloch blicken und den Ausschnitt eines Bildes betrachten. Wir sehen das große Tor eines

Schlosses und einen Baum mit den schönsten Blüten, und wir wollen unbedingt auch an diesem Ort sein. Wir stellen uns vor, wie großartig es wäre, in diesem Schloss zu leben und wie gut die Blüten wohl riechen.

Was wir aus unserer Schlüsselloch-Perspektive jedoch nicht sehen können, ist der Rest des Hauses, der schon zur Ruine zerfallen ist. Im Gelände findet sich vielleicht ein völlig verwilderter Garten, zugewachsen mit Dornen und Gestrüpp, und dahinter liegt die neu gebaute mehrspurige Autobahn.

Wenn wir schöne Menschen sehen, Models etwa, machen wir uns im Moment des Vergleichs selten bewusst, dass das Model vermutlich vor dem Morgengrauen aufsteht, um zwei Stunden Sport zu treiben, um danach lediglich einen Kaffee zu trinken und dann zum ersten von vielen Terminen des heutigen Tages zu rasen. Wir sehen durch das Schlüsselloch eben nur die Schönheit des Models und vergleichen diese mit unser eigenen. Oder wir vergleichen uns mit einem Manager, sehen seinen Erfolg und die riesigen Karrieresprünge. Durch das Schlüsselloch betrachtet, strahlt er uns erfolgreich, glücklich und perfekt gekleidet entgegen. Wir sehen aber nicht die vielen Stunden, die er nicht zu Hause bei seiner Familie und seinen Freunden verbringt, sondern im Büro, lange nach Feierabend, als einer der Letzten.

Ich möchte nicht behaupten, dass Models oder Manager alle diese Probleme haben oder unglücklich sind. Mein Wunsch ist, dass du verstehst: In dem Augenblick, in dem wir vergleichen, sehen wir nie den Menschen in seiner Gesamtheit. Wir betrachten in der Regel nur das, was am anderen besser, schöner, heller, glücklicher oder erfolgreicher scheint, und kennen nie alle Lebensumstände, die für einen realistischen Vergleich notwendig wären. Unser Eindruck von der Realität ist somit verzerrt.

Und so könnte ich mich davon verunsichern lassen, dass die

Finnin Sanna Marin mit 34 Jahren Ministerpräsidentin ihres Landes wurde. Oder dass die Niederländerin Laura Dekker mit gerade einmal sechzehn Jahren als jüngste Solo-Seglerin die Welt umrundet hat. Oder dass Heidi Klum genauso alt ist wie ich, aber offensichtlich eine viel bessere Hautcreme benutzt.

Doch ich kenne nicht den Preis, den diese willkürlich herausgesuchten Frauen für ihre Position, ihre Leistungen oder ihr Äußeres bezahlt haben. Außerdem möchte ich keine Ministerpräsidentin werden, weder für Finnland noch irgendein anderes Land dieser Erde. Ich habe auch kein Bestreben, fünfhundert Tage auf dem Meer zu sein – allein. Oder mich für Geld in irgendwelche Fummel zu werfen. Deswegen ist es auch sinnlos, mir darüber den Kopf zu zerbrechen, was diese Frauen im Vergleich zu mir haben.

Diese Vergleiche sind nicht nur sinnlos, sie sind auch unglaublich unfair mir selbst gegenüber. Denn sie vernachlässigen all das, was ich bereits geleistet habe: Krisen, die ich bewältigt, Hürden, die ich genommen, Erfolge, die ich errungen habe. Alles, was mich ausmacht, schrumpft in dieser Sekunde, in der ich durch das Schlüsselloch auf das Leben eines anderen sehe, zu einem Reiskorn zusammen.

Aus der Schlüsselloch-Perspektive können wir nur verlieren. Wir fühlen uns schlecht und weniger wert. Genau wie Julia, das Mädchen im Zug. Vielleicht hat sie ein außergewöhnliches Talent, mit Farbe und Formen umzugehen, ist eine herausragende Sportlerin oder hat eine ausgeprägte soziale Ader, die sie von anderen unterscheidet und gefördert werden sollte. Solange sie von ihrer Mutter, ihren Lehrern und allen anderen Bezugspersonen jedoch immer nur durchs Schlüsselloch mit anderen verglichen wird, hat sie kaum eine Chance, sich selbst und ihre Talente kennenzulernen.

Entscheidend ist, dass wir den Blick wieder auf unsere Stärken richten und uns auf sie konzentrieren. Wir laufen ansonsten Gefahr, dass wir beim Vergleichen bleiben und mehr auf den anderen als auf uns selbst schauen. So bleibt ein Teil unseres Potenzials ungenutzt, weil wir mit der Aufmerksamkeit beim anderen sind, anstatt uns weiterzuentwickeln.

Ich weiß, es hört sich furchtbar einfach an und ist in Wirklichkeit doch so schwer zu erreichen: *bei sich bleiben.*

Im Alltag passiert es uns ständig, dass wir vergleichen. Wie gesagt: Es ist ein natürlicher Mechanismus unseres Gehirns, den wir genauso wenig abstellen können wie den Reflex, die Hand von der heißen Herdplatte zu nehmen oder im Kalten eine Gänsehaut zu bekommen. Umso wichtiger ist es, dass wir uns dafür sensibilisieren, dass Vergleiche immer nur einen kleinen Teil einer ganzen Person zeigen.

● Schau nicht auf andere, schau auf dich

In den vorhergegangenen Übungen hast du bereits herausgefunden, wo du dich besonders häufig vergleichst. Schau dir deine Notizen noch einmal an, und nimm dir die Situationen heraus, in denen du dich nicht mehr vergleichen möchtest.

Ich möchte dich darum bitten, deine eigenen Fähigkeiten, Kompetenzen oder Stärken aus diesen Vergleichssituationen genau unter die Lupe zu nehmen. Sortiere dich auf einer Skala von 0 (»Ich bin gar nicht zufrieden«) bis 10 (»Ich bin völlig zufrieden«) ein.

Hast du eine Zahl gefunden, die aus deiner Perspektive auf dich zutrifft? Sehr gut. Richte im nächsten Schritt deine Aufmerksamkeit nach innen, und versuch wahrzunehmen, wie diese Zahl auf dich wirkt. Welches Gefühl ist mit ihr verbunden? Welche Wünsche, Ideen, Gedanken kommen dir in diesem Moment? Mach dir Stichpunkte dazu! Fühlst du dich wohl, glücklich und zufrieden, hast du die richtige Zahl gefunden. Oder fühlst du dich unwohl, ärgerlich, traurig, schlecht und ungenügend?

Schreib im Anschluss an die Gefühle auch die Gedanken auf, die dir in den Sinn kommen. Hast du Visionen, Träume und Wünsche in Bezug auf deine Fähigkeiten, oder fühlst du dich bestätigt und zufrieden?

Du hast eine Bestandsaufnahme gemacht und weißt, wie es dir mit deiner Zahl geht. Wenn du mit dem Stand der Dinge nicht zufrieden bist, überleg dir, bei welcher Zahl du lieber stehen würdest. Welche Ziffer müsstest du erreichen, um dich rundum wohlzufühlen?

Schau jetzt nicht auf die anderen. Es ist wichtig, dass du dich nicht vergleichst, denn jeder hat andere Rahmenbedingungen.

Sollte deine Wunschzahl eine andere Ziffer sein als deine Einschätzungszahl, möchte ich dich bitten, darüber nachzudenken, was aus deiner Sicht notwendige nächste Schritte wären, um deiner idealen Zahl näher zu kommen. In welchem Umfang du dir Notizen machst, ist dir überlassen. Du kannst die notwendigen Maßnahmen bis ins kleinste Detail ausführen und dir einzelne Schritte notieren. Dazu kannst du Zeitpunkte setzen, bis wann du welchen Schritt gegangen sein möchtest. Du kannst es dir in den Kalender eintragen und in den Tagesablauf einbauen.

Oder du lässt den Weg zum Ziel offen und erinnerst dich in Zukunft ab und zu an deine Wunschzahl. Finde deinen Weg und dein Tempo.

Vielleicht reicht dir auch die Bestandsaufnahme, und du brauchst gar kein Ziel? Alles ist möglich!

Warum habe ich dich gebeten, diese Übung zu machen? Damit du den Fokus von den anderen weg und auf dich richtest. Du konzentrierst dich darauf, welche Möglichkeiten dir gegeben sind, dich zu verbessern. Oder du stellst fest, dass du mit dir im Großen und Ganzen zufrieden bist. Die zu überwindende Hürde sind die Gefühle während der Bestandsaufnahme. Lassen wir uns von negativen Gefühlen vereinnahmen, wird es schwierig, das Augenmerk auf die eigenen Fähigkeiten zu richten. Es ist eine Art Wendepunkt, an dem wir uns von der Konzentration auf das Außen wegdrehen und nach innen schauen.

An der Oberfläche –
Vergleiche in den Medien

Das soziale Umfeld, in dem wir leben, fördert automatisch unser inneres Bestreben, in den Vergleich zu gehen. Egal ob Kindergarten, Schule, Ausbildung oder Arbeitsplatz: Da, wo wir uns aufhalten, vergleichen wir uns. Auch das Privatleben oder Hobbys sind nicht vor unserem vergleichenden Geist sicher. Wir können gar nicht anders. Wir schauen nach links und rechts, zum einen und zum anderen – und gleichen uns ab. Es kann also nicht Ziel dieses Buches sein, dir das Vergleichen abzugewöhnen. Das würde nicht gelingen. Mein Ziel ist es, dass du zukünftig in der Lage bist, die unbewussten Vergleiche aufzuspüren und ihnen die Möglichkeit zu nehmen, dass sie dich frustrieren und demotivieren.

Das ist heutzutage noch viel schwieriger als früher. Einerseits rückt die Globalisierung die Welt zusammen, andererseits verschaffen uns die digitalen und sozialen Medien Einblicke in die entlegensten Winkel der Welt. Bis in die Siebzigerjahre des vergangenen Jahrhunderts war es verhältnismäßig schwierig, sich mit einem Menschen in einer anderen Lebenssituation oder an einem anderen Ort auf diesem Globus zu vergleichen. Die Welt wirkte riesig, die Möglichkeiten waren begrenzt, sowohl in der beruflichen wie auch in der individuellen Weiterentwicklung. Ein Flug von Deutschland nach Thailand war im Jahr 1970 noch eine teure Reise und für viele fast utopisch, heutzutage wird er zu weitaus erschwinglicheren Preisen mehrmals täglich von den großen deutschen Flughäfen angeboten.

Auch Fernsehen und Internet haben die Welt zusammenschrumpfen lassen und sind ein echtes Vergleichs-Eldorado. Sie zeigen uns Helden, Models und Vorbilder und suggerieren eine perfekte, makellose Welt mit ewiger Jugend. Wir gewinnen leicht den Eindruck, wir sollten faltenlos, glatt und gesund altern – obwohl, eigentlich sollten wir möglichst gar nicht altern. Wir sollten stark und energievoll bleiben und uns auch noch als Rentner aufs Motorrad schwingen und in die schicke Seniorenresidenz flitzen, wo uns der natürlich genauso agile Partner oder die Partnerin erwartet.

Doch trotz aller Versuche, ewig jung, schön und stark zu bleiben, lässt sich der biologische Prozess vielleicht manipulieren, nicht jedoch gänzlich aufhalten. Trotzdem fühlen wir uns oft schlecht, wenn wir beim morgendlichen Blick in den Spiegel Krähenfüße, Falten um die Mundwinkel oder lichteres Haar erblicken. Sind wir die Einzigen, denen man ihr Alter ansieht?! Wie gelingt es den anderen, jünger auszusehen, als sie tatsächlich sind? Wir sehen auch hier nur einen Ausschnitt und nicht die ganze Wahrheit.

Wenn wir dann auch noch anfangen, uns mit den Menschen zu vergleichen, die über die Bildschirme flimmern oder den Feed unseres Facebook- oder Instagram-Accounts fluten, ist die Krise perfekt. Bedenke jedoch: Wir wissen nicht, welches Bild nachbearbeitet wurde, und können nicht mit Sicherheit sagen, dass die Person, mit der wir uns vergleichen, morgens im Spiegel nicht genauso müde und zerknittert aussieht wie wir.

Erinnere dich noch einmal an das Schlüsselloch. Die sozialen Medien sind genau so ein Schlüsselloch, durch das wir einen winzigen Ausschnitt der gesamten Realität wahrnehmen. Wir sehen nicht, wie lange das Bild eingerichtet wurde, wie viele Versuche es gebraucht hat, die perfekte Pose und das tollste Lächeln einzunehmen, und natürlich sehen wir auch nicht, mit welchen Filtern das Foto überlagert oder wo es retuschiert wurde.

Von Schönheitschirurgen weiß man, dass es mittlerweile immer mehr junge Menschen gibt, die mit dem Wunsch in die Klinik kommen, wie eine Person des öffentlichen Lebens auszusehen – oder, noch absurder, wie ihr eigenes, bearbeitetes Selfie-Bild.

Natürlich wird nicht jeder, der sich von einem Sportler auf Instagram motivieren und inspirieren lässt, irgendwann unter dem Druck des andauernden Vergleichs zusammenbrechen. Allerdings führt die »Fitspiration« nicht nur zu sportlichen, gesunden Menschen, sondern auch zu Depressionen und Magersucht. Auch hier gilt das Prinzip des Schlüssellochs: Man sieht auf dem jeweiligen Kanal nur einen sehr kleinen Ausschnitt der eigentlichen Bemühungen des Influencers. Beinahe erleichtert nimmt man da zur Kenntnis, dass auch die bekanntesten Influencer von Zeit zu Zeit von Durchhängern oder Medienmüdigkeit berichten. Wenn es ganz schlimm wird, wie beispielsweise bei Deutschlands bekanntester Fitnessfrau Sophia Thiel, kann die mediale Omnipräsenz und der Druck, der auch auf den Personen des öffentlichen Lebens liegt, sogar bis zu Krankheit und Berufsunfähigkeit führen.[3]

Es kommt vor, dass die ständigen Erfolgsmeldungen anderer, egal ob prominent oder nicht, zu einem Gefühl der eigenen Wertlosigkeit oder Minderwertigkeit führen. Nur die wenigsten sind so ehrlich, auch das Regenwetter an der

Mecklenburgischen Seenplatte, den missratenen Kuchen oder die eigene Orangenhaut in der Nahaufnahme mit den Followern zu teilen. Stattdessen fragt man sich als Betrachter oft: Wie zum Teufel machen die das? Warum sieht das Essen bei Food-Bloggern immer großartig aus? Weshalb wirkt der Trip nach Vietnam der Travel-Blogger stets aufregender als unsere eigene Reise? Und wie gelingt es den Mode- und Kosmetik-Influencern, so verdammt gut auszusehen? Ganz einfach: Sie investieren einen beachtlichen Teil ihres Tages, diesen *einen* Teller herzurichten, auf die drei Sekunden blauen Himmels in der Bucht von Halong zu warten oder sich von einer professionellen Stilistin schminken und frisieren zu lassen. Die Fotos wirken gleichermaßen inszeniert wie alltäglich – es soll schön, aber auf keinen Fall unglaubwürdig wirken. Am besten sind Bilder, die wie ein Schnappschuss, aber perfekt und fehlerlos aussehen.

Wissenschaftler haben untersucht, ob es einen Zusammenhang zwischen der Nutzung sozialer Medien und Depressionen gibt, und sind zu keinem eindeutigen Ergebnis gekommen. Tatsache ist aber, dass die passive Nutzung der genannten Medien ein höheres Risiko birgt, Neid und Minderwertigkeitskomplexe zu entwickeln. Gleichzeitig fördern soziale Netzwerke den Austausch und ein positives Miteinander sogar über die Grenzen von Kontinenten hinweg. Sie ermöglichen Teilhabe und dienen neben der Kommunikation auch der Inspiration.[4] Trotzdem geben mehr als 60 Prozent aller deutschen Frauen an, mit ihrem Äußeren nicht zufrieden zu sein.[5] Ich selbst bin keine Wissenschaftlerin, aber ich kann mir nicht vorstellen, dass die andauernden Vergleiche mit schlanken, schönen Models, die uns von jeder Litfaßsäule und in jedem zweiten Instagram-Feed entgegenblicken, dem eigenen Wohlbefinden zuträglich sind.

Ich erinnere mich an eine Freundin, die vor ein paar Monaten zum ersten Mal in ihrem Leben nach Südamerika reiste. Sie ist selbst von kurviger Statur und im Großen und Ganzen ganz zufrieden mit sich. Als sie jedoch in Rio war und mir eine Nachricht von der Copacabana schrieb, klang sie alles andere als gut. Sie berichtete mir von den winzigen Bikinis, die die Brasilianerinnen am Strand zur Schau trugen, und den makellosen Körpern, so weit das Auge reichte. Ein interessanter Fakt ist, dass Brasilien 2018 das Land mit den meisten Schönheitsoperationen weltweit war.[6] Die Brasilianer werden jedoch nicht mit mehr Missbildungen als andere Völker dieser Erde geboren – was bedeutet, dass der Großteil der Eingriffe keinen medizinisch-ästhetischen Zweck erfüllt. Aber in Brasilien ist Aussehen wohl eben noch mehr Trumpf als in anderen Ländern, oder aber die Bereitschaft, sich unters Messer zu legen, ist höher, weil es sowieso alle machen.

Wie dem auch sei: Meine Freundin fühlte sich mit Kleidergröße 44 / 46 unwohl. Die Vorstellung, sich mit ihrer Sanduhr an den Strand zu legen, kam ihr beinah absurd vor.

Doch nur wenige Tage später schickte sie mir ein Foto, das sie im türkisblauen Wasser des Karibischen Meers zeigte. Sie war auf Kuba angekommen – einem Land, das seit mehreren Jahrzehnten von der Außenwelt wie abgeschnitten war. Der Zugang zum Internet hatte sich erst seit etwa 2014 verbessert, immer noch hatte ein nur geringer Prozentsatz der Haushalte dort einen privaten Internetanschluss, fast keine ausländischen Fernsehkanäle konnten empfangen, keine internationalen Modezeitschriften gekauft werden. Das spiegelte sich nicht nur im Äußeren, sondern auch im Selbstwertgefühl der Kubanerinnen wider: Sogar die rundesten Damen zeigten auf Kuba, was sie hatten, ohne sich zu schämen und ohne zu glauben, etwas mit ihnen sei nicht in Ordnung. Dieses positive Körpergefühl übertrug sich auch auf meine Freundin, die mir begeistert erzählte, dass sie sich in Havanna zum ersten Mal getraut habe, ihre superkurzen Shorts anzuziehen, für die sie sich eigentlich etwas zu üppig fühlte.

Und da will mir noch jemand sagen, dass Medien keinen Einfluss auf unser ästhetisches Empfinden und unser Selbstbewusstsein haben! Eine Studie aus dem Jahr 1999 belegt, wie schnell Medien zu einer verschobenen Körperwahrnehmung und sogar Essstörungen führen können. Bis in die Neunzigerjahre gab es auf den entlegenen Fidschiinseln keinen internationalen Fernsehanschluss. Erst 1995 zogen Satellitenschüsseln ein – damit waren zum ersten Mal in der Geschichte des Inselstaates amerikanische Fernsehserien zu empfangen. Die perfekte Ausgangslage für eine Studie. Dr. Anne Becker, damalige Direktorin des Harvard Eating Disorders Centers der Harvard Medical School, befragte 63 fidschianische Mädchen im Altersdurchschnitt von siebzehn Jahren zu ihrem eigenen Körperempfinden. Dazu muss man wissen, dass auf den Fidschis Übergewicht traditionell verehrt wird. Die Frage nach einer Gewichtszunahme ist dort ein so großes Kompliment wie in unseren Breiten die Bemerkung, jemand habe abgenommen.

Doch das änderte sich rasant, zumindest bei den Mädchen. Als Dr. Becker drei Jahre später nämlich wieder auf die Fidschis flog und eine andere Gruppe siebzehnjähriger Mädchen nach ihrem Körperempfinden befragte, kam sie zu einem erstaunlichen Ergebnis: 15 Prozent der Befragten gaben an, bereits erbrochen zu haben, um das Gewicht zu kontrollieren – 1995 waren es noch 3 Prozent gewesen. Bei 29 Prozent wurde von der Forscherin ein erhöhtes Risiko für eine Essstörung diagnostiziert. Im Vergleich dazu waren es drei Jahre vorher gerade einmal 13 Prozent gewesen. In Summe bezeichnete sich die Hälfte aller Mädchen, die angaben, an drei oder mehr Abenden in der Woche TV zu konsumieren, als zu dick.[7] Beeindruckende Zahlen, nicht wahr? Und jetzt überleg dir mal, wie lange du selbst schon fernsiehst, Magazine liest und in den sozialen Medien unterwegs bist …

Natürlich soll der beschränkte Zugang zu Informationsquellen nicht grundsätzlich gutgeheißen werden, und sicher ist am Vergleich mit medialen Bildern nicht alles schlecht, denn er kann auch beflügeln. Man denke nur daran, wie gut man sich fühlt, wenn man Gemeinsamkeiten zwischen sich und seinem »Idol« feststellt – oder wenn man bemerkt, dass der andere auch nur ein Mensch ist, der mit Wasser kocht, sich mit seinem Partner streitet und den Kindern hinterherräumt.

● In welchen Bereichen vergleichst du dich besonders?

In dieser Übung geht es um deine Vergleiche in den verschiedenen Lebensbereichen und darum herauszufinden, in welchen Bereichen du dich besonders häufig vergleichst. Schreib folgende Kategorien auf ein Blatt: »Körper/Psyche«, »Arbeit/Leistungsfähigkeit«, »Soziale Beziehungen«, »Materielle Sicherheit« und »Werte und Normen«.

Frag dich: Wie viel vergleichst du dich bezogen auf die fünf Bereiche? In welchem Bereich vergleichst du besonders viel? In welchem Bereich hast du ein schlechtes oder gar kein Gefühl zu dir selbst?

Zum Schluss kannst du dir überlegen, wo du dich weniger oder gar nicht mehr vergleichen möchtest. Hier hilft dir die vorangegangene Übung »Schau nicht auf andere, schau auf dich« dabei, deine Zufriedenheit in diesem Bereich zu verbessern.

Wirtschaftsfaktor Verunsicherung – Vergleiche in der Werbung

Unsere Welt hat sich in den vergangenen Jahrzehnten immer schneller verändert. Selbstverwirklichung, die vor siebzig Jahren noch keine Rolle spielte, ist in den Industrienationen heute das Normalste der Welt. Wir haben die Möglichkeit, so vieles aus unserem Leben zu machen, dass einem angesichts der Optionen fast schwindelig werden kann. Nach dem Zweiten Weltkrieg ging es um die Sicherung der Existenz, später um persönlichen und gesellschaftlichen Wohlstand. Erst als die Sättigung hoch genug war und all unsere materiellen Bedürfnisse erfüllt wurden, fingen wir an, uns mit unserem Selbst zu beschäftigen. Was wollen wir? Was macht uns aus? Wie wollen wir leben?

Selbstverwirklichung ist ein Phänomen der modernen Zeit und ein Ergebnis unseres unglaublichen Wohlstands. Der Sohn eines Metzgers musste sich in den Sechzigerjahren nicht fragen, ob er ebenfalls Metzger werden will – er war vermutlich froh, den Familienbetrieb zu übernehmen. Heute werden vor allem junge Menschen vor neue Herausforderungen gestellt. Der Sohn eines Metzgers wird mit großer Wahrscheinlichkeit nicht den Beruf des Vaters ergreifen, wo ihm doch alle Möglichkeiten zu Füßen liegen, sich beruflich wie persönlich selbst zu verwirklichen. Die Folge dieser Entwicklung ist, dass wir uns häufiger vergleichen als früher. Wer so viel Auswahl hat wie unsere Generation, muss nach links und rechts schauen, um sich zu orientieren. Auch wenn er konsumiert.

Wenn meine Familie Lust auf Schokolade hat, laufe ich nicht einfach in den Supermarkt und greife nach der erstbesten Packung. Ich lege Wert darauf, dass die Schokolade fair gehandelt wurde – wenn die Kakaobohnen schon einmal um den Erdball geflogen sind, möchte ich zumindest, dass die Menschen, die sie gepflanzt, geerntet und verarbeitet haben, ordentlich entlohnt wurden. Außerdem wünsche ich mir einen Rohstoff, der nicht von Pestiziden verunreinigt wurde, die zu allem Überfluss auch noch die Böden verseuchen. Ich kaufe also nicht nur eine Tafel Schokolade – ich erwerbe ein Produkt, von dem ich mir erhoffe, dass es sich zumindest in Grundzügen mit meiner Lebenseinstellung deckt. Ein Waschmittel ist nicht nur ein Waschmittel, es ist Ausdruck meiner konsumierenden Persönlichkeit. Das Meer der Möglichkeiten ist so groß, dass die Produkte und Dienstleistungen emotional aufgeladen werden: Wir kaufen ein Lebensgefühl. Und das jedes Mal, wenn wir den Geldbeutel öffnen, egal ob es um eine Jeans, ein Auto oder einen Restaurantbesuch geht.

Neben unserer Biologie, unserer Sozialisation und den Medien, die wir konsumieren, gibt es also noch einen weiteren Faktor, der sich auf unsere Vergleichspraxis ausübt: das kapitalistische System, in dem wir leben. Es ist auf Wachstum ausgelegt, was zur Folge hat, dass wir ununterbrochen Angebote zum Konsum erhalten. Damit wir mehr Dinge kaufen, als wir brauchen, wurde die Werbung erfunden, die uns große Versprechen macht, wer wir werden oder wie wir uns fühlen, wenn wir dieses oder jenes käuflich erwerben. Die Suggestion ist, dass wir glücklicher werden, wenn wir konsumieren.

Damit wir sehen, was uns erwartet, wenn wir Haarspülung X oder Laufschuh Y erwerben, setzt man uns Models und Testimonials vor, mit denen wir uns vergleichen sollen: Wenn ich mich genauso glücklich und schön fühle wie Barbara Schöneberger, wenn ich diesen bestimmten Fleischsalat esse, für den sie wirbt, möchte ich den auch haben. Auf diese Art werden wir verführt, mehr und anderes zu kaufen und zu besitzen, als wir brauchen, und die Auswahl wird immer größer und schwerer. Wenn du es mir nicht glaubst, mach doch einfach mal den Test: Empfindest du die Auswahl zwischen zweihundert Joghurtsorten als befreiend oder einengend? Hast du jemals versucht, alle zweihundert Joghurtsorten durchzuprobieren, um herauszufinden, welche dir am besten schmeckt? Oder kaufst du immer dieselbe Marke?

Besonders perfide gehen Unternehmen der Kosmetik- und Modeindustrie mit Frauen um. In Zeitschriften oder auf der Leinwand sehen wir unentwegt makellose Geschlechtsgenossinnen, die allem Anschein nach mit perfekten Körpern, wallendem Haar und Porzellanhaut gesegnet sind. Der Blick in den Spiegel offenbart, dass wir naturgemäß anders aussehen – und das könnten wir vielleicht sogar mit einem Schulterzucken abtun. Doch die Industrie tut alles dafür, uns glauben zu lassen, dass es bei unserem Äußeren noch jede Menge Luft nach oben gibt. Hautstraffende Cremes, Push-up-BHs, hohe Absatzschuhe, figurformende Unterwäsche, Extensions, falsche Wimpern und Botoxbehandlungen versprechen Frauen, dass mit ihrer Hilfe all die Makel behoben werden können, die wir ohne Medien und Werbung vermutlich nicht einmal bemerkt hätten.

Wer einmal in den Teufelskreis hineingekommen ist (und Hand aufs Herz – kaum eine Frau ist jemals mit ihrem Äußeren zufrieden, egal wie sie aussieht!), kommt aus eigener Kraft kaum noch heraus. Es ist ein regelrechter Strudel, in den wir da geraten: Uns wird nicht nur eingetrichtert, dass wir so, wie wir sind, nicht in Ordnung sind, sondern wir bekommen das Zaubermittelchen gleich mitserviert, das vermeintlich alle unsere Probleme löst.

Zumindest für die nächste Saison, denn natürlich entwickelt die Forschung alle naselang neue Präparate, egal wie unappetitlich sie auch sind. Eigenfetttransplantationen glätten das Gesicht und zaubern voluminöse Lippen, Hyaluron-Spritzen sorgen für permanent aufgerichtete Brustwarzen, und tatsächlich gibt es mittlerweile Frauen, die sich ihre vollkommen normal gewachsenen Schamlippen verkleinern lassen wollen.

Natürlich möchte ich jedem, der unter seinem Aussehen leidet, zugestehen, sich Hilfe zu suchen. Die genannten Beispiele haben mit einem gesunden Selbstbild jedoch leider nicht mehr viel zu tun. Solange es aber Frauen (und Männer) gibt, die jedem noch so absurden Schönheitstrend hinterherrennen, die sich optimieren, kasteien und quälen, um einem wie auch immer gearteten Ideal zu entsprechen, stirbt diese Industrie nicht aus. Und solange es soziale Medien gibt, in denen diese zum Teil absurden Trends in Echtzeit erfunden, kopiert und bis an die Grenze des guten Geschmacks (und darüber hinaus) auf die Spitze getrieben werden, generiert das System auch ohne Unterlass neue Lemminge, die für die häufigsten Likes oder die meisten Follower über die Klippe springen.

Umso schöner, dass der aktuelle Trend zur sogenannten *Body Positivity* hingeht, einer Bewegung, die davon überzeugen möchte, dass Körper auch dann schön sind, wenn sie keinem gesellschaftlichen Ideal entsprechen. Ziel dieser Bewegung ist übrigens nicht, Adipositas zu verherrlichen, wie manche Kritiker behaupten. Es geht vielmehr darum, unrealistische Maßstäbe zu bekämpfen und das Selbstwertgefühl des Individuums zu stärken. Und von einem guten Selbstwert, davon bin ich überzeugt, kann keiner von uns jemals genug haben.

Alte Wunden –
Kritik aus der Vergangenheit

Jeder Mensch ist einzigartig. Deshalb geht auch jeder anders mit Vergleichen um. Manche haben ein so ausgeprägtes Urvertrauen, dass es sie nicht stört, wenn sie einem schöneren, klügeren oder erfolgreicheren Menschen begegnen. Sie nehmen zur Kenntnis, dass er sie in einem Bereich überflügelt, doch daraus resultiert keine Verunsicherung. Denn ihr Selbstbewusstsein, also das Bewusstsein über sie selbst, ist stark genug. Es sagt ihnen: »Du bist gut, wie du bist. Du musst dich hinter niemandem verstecken.« Andere indes sind sofort verunsichert, wenn eine schöne Frau, ein charismatischer Mann oder ein besonders humorvoller Kollege den Raum betritt.

Falls es dir so geht, wünsche ich mir, dass wir durch die gemeinsame Arbeit in diesem Buch etwas in dir verändern. Ich habe leider nicht die Macht, dich für alle Zeiten vor deinem eigenen inneren Kritiker zu beschützen. Allerdings können wir versuchen, ihn leiser werden zu lassen. Ich habe die Hoffnung, dieses Buch sorgt dafür, dass du dich selbst zukünftig freundlicher bewertest, wenn du dich mit jemand anderem verglichen hast. Du kannst lernen, dass niemand wertvoller ist als du – selbst wenn es schnellere Läufer, talentiertere Kuchenbäcker und hübschere Gesichter gibt. Doch diese Fähigkeiten oder Merkmale deines Körpers machen dich nicht einzig und allein aus. Insofern sollten sie gar nicht die Kraft haben, dich als Person in deinen Grundfesten zu verunsichern.

Doch weshalb nehmen sich manche Personen Vergleiche mehr zu Herzen als andere? Denk an das, was ich weiter oben über Kinder geschrieben habe. Wer als Kind weniger scharf kritisiert wurde oder Kritik als konstruktiven Vorschlag und nicht als Ablehnung der eigenen Persönlichkeit wahrnehmen durfte, dem fällt es auch als Erwachsener leichter, Vergleichen mit anderen standzuhalten.

Oft schlägt Kritik bei uns in eine Kerbe, die wir aus unserer Kindheit oder Jugend kennen. Deswegen reagieren wir häufig unverhältnismäßig auf eine eigentlich harmlos gemeinte Aussage. Eine Frau, die ihr Leben lang von ihrer Familie als zu laut und aufgedreht bezeichnet wurde, wird sich mit großer Wahrscheinlichkeit zu Herzen nehmen, wenn man ihr sagt: »Du stehst ja gern im Mittelpunkt.« Die alten Trigger, die vor zwanzig, dreißig, vierzig Jahren schon so hervorragend funktioniert haben, werden wieder aktiv, und sofort schaltet im Gehirn die Stresslampe auf Rot: »Achtung, Achtung! Gefahr im Verzug!«

Sogar bei Komplimenten funktioniert das antrainierte Verhalten. Mit der Präzision eines Chirurgen trennen wir den verstandenen Vorwurf vom nett Gemeinten heraus und lassen zu, dass er in uns eine Kettenreaktion auslöst. Nehmen wir zum Beispiel die Frau von gerade eben, die von einer neuen Kollegin hört: »Du hast eine tolle Ausstrahlung, dir hört man wirklich gern zu. Wenn du redest, hängen dir alle an den Lippen.«

Die Frau, die von ihrem nächsten Umfeld oft gehört hat, dass sie eine Quasselstrippe sei und die Aufmerksamkeit permanent auf sich ziehe, hört zwar rein akustisch das Kompliment, filtert jedoch im schlechtesten Fall die Kritik heraus – selbst wenn die neue Kollegin überhaupt keine Kritik geäußert hat. Im Gehirn der Frau kommt an: »Ich rede also mehr als andere? Na toll, wie früher! Wurde mir damals schon immer gesagt, dass ich nie die Klappe halten kann. Wie alt muss ich eigentlich noch werden, um endlich nicht mehr unangenehm aufzufallen!«

Und schon wird aus dem nett gemeinten Kompliment der Stoff für schlechte Stimmung. Die Frau, der die neue Kollegin eigentlich nur etwas Nettes sagen wollte, schmollt, die neue Kollegin ist verunsichert. Schade, denn die Motivation war, eine Freude zu bereiten.

● Komplimente annehmen

Achte auf Situationen, in denen du ein Kompliment in etwas Negatives verwandelst. Tritt einen Schritt zurück, wenn dich das schlechte Gefühl überkommt, und sag dir innerlich noch einmal, was der andere dir mitgeteilt hat. Nimm die Haltung ein, dass das, was der andere zu dir sagt, wahr ist. Glaub ihm. Bedank dich für das Kompliment, und lass es so stehen. Du wirst mit der Zeit feststellen, dass das, was du in der Vergangenheit mit der Aussage verbunden hast, an Kraft verliert.

Unser Gehirn springt auf Kritik an wie ein Stier auf das rote Tuch. Das hat einen evolutionären Grund, denn für unser Überleben war es vor vielen Tausenden von Jahren von enormer Wichtigkeit, dass die anderen uns leiden konnten. Der Ausstoß aus der Gemeinschaft bedeutete unweigerlich Gefahr – deshalb merken wir uns negative Dinge eher als positive, Kritik häufiger als Komplimente und haben darüber hinaus eine ganz erstaunliche Taktik entwickelt, selbst aus urteilsfreien, normalen Sätzen, die andere an uns richten, Schlechtes herauszufiltern. Wie ein Goldwäscher sieben wir das Gesagte so lange, bis ein Klumpen hängen bleibt – allerdings kein Gold, sondern eher das Gegenteil davon.

Die meisten von uns sind kaum in der Lage, eine an uns gerichtete Kritik objektiv wahrzunehmen. Wir hören nicht nur das Gute, wir hören nicht einmal das Neutrale, sondern stürzen uns auf das, was wir als negativ wahrnehmen.

Du glaubst mir nicht? Wie geht es dir, wenn eine Person zu dir sagt: »Hey, du siehst heute richtig gut aus!«

Ich wette, auch in deinem Gehirn gab es den Impuls: »Wie, heute?! Sehe ich normalerweise scheiße aus, oder was? Warum sagt sie das? Wie unhöflich!«

Wir hören nicht das Gute, das Kompliment. Deshalb ist es notwendig, genau hinzuhören, was der andere tatsächlich gesagt hat. Dazu müssen wir die Brille ablegen, die uns die alten Zuschreibungen sehen lässt. Ihre Dioptrienzahl ist nicht mehr passend! Stattdessen dürfen wir lernen, die Welt mit den Augen zu betrachten und den Ohren zu hören, die das zeigen, was der andere in Wahrheit sagen will.

Wenn dir also die Kollegin bewundernd mitteilt, dass du eine tolle Ausstrahlung hast und andere dir gern zuhören, gilt es, das auch zu glauben, selbst wenn dein Gehirn lieber die alternative Route einschlagen will, die das Schlechte aus dem nett Gemeinten herausfiltert. Du könntest dich dafür bedanken, auch wenn du innerlich noch deinen alten Film abspulst. Nur so kann das Gespräch weitergehen, und du findest im besten Fall Beweise dafür, *warum* die Kollegin mit ihrer Sicht vielleicht recht hat. Dein Selbstwertgefühl wird es dir auf jeden Fall danken.

● In der Kritik

Hast du dir schon einmal Gedanken darüber gemacht, wie du mit Kritik umgehst? Kannst du sie annehmen und konstruktiv umsetzen, oder fühlst du dich schnell persönlich angegriffen?

Ich möchte dich darum bitten, all die Dinge aufzuschreiben, die deine Familie, Geschwister oder engsten Freunde über dich behaupten. Es macht keinen Unterschied, ob es in deinen Augen positive oder negative Aussagen sind.

Untersuche nun die Sätze, indem du dich fragst: Nimmst du dich auch so wahr? Findest du, dass die Kritik gerechtfertigt ist?

Überleg dir außerdem, von wem die Aussagen im Einzelfall kamen. Frage dich als Nächstes: Was sagt die Kritik an meiner Person über denjenigen aus, der sie ausgesprochen hat? Wenn mein Vater mir immer vorgeworfen hat, nicht mit Geld umgehen zu können, hat er vielleicht auch seinen eigenen Unmut über seinen Geiz damit zum Ausdruck gebracht. Eine Schwester, die behauptet, man sei zu laut gewesen, ärgert sich möglicherweise zeit ihres Lebens darüber, zu leise zu sein.

Ich hoffe, du verstehst, worauf ich in dieser Übung hinauswill: Jeder, der kritisiert, sagt immer auch etwas über sich selbst aus. Wenn es dir gelingt, ein paar der Dinge, die andere über dich sagen, auf diese Art zu untersuchen und zu entkräften, wirst du feststellen, dass du zukünftig entspannter mit Kritik und Zuschreibungen umgehen kannst.

Auf den vergangenen Seiten habe ich den Vergleich aus vielen verschiedenen Perspektiven beleuchtet. Ich habe erklärt, weshalb unser Gehirn Vergleiche braucht, um uns fortzuentwickeln, welche Rolle der Vergleich im sozialen Miteinander spielt und wie sich Medien und Werbung den Vergleich zunutze machen, um ihre Produkte an den Mann und an die Frau zu bringen.

Ich hoffe dennoch, dass du vor allem eines aus alldem mitnimmst: Im Grunde ist der Vergleich nichts Schlechtes. Darüber hinaus läuft er als Programm automatisch in uns ab – wie ein Reflex, den wir nicht steuern und erst recht nicht zurücknehmen können. Unser Gehirn spult das Programm ab, weil es die besten Überlebenschancen für uns herausarbeiten will. Und daran ist zunächst einmal nichts verkehrt.

Allerdings kann ein Vergleich sehr unterschiedliche Auswirkungen auf unser Seelenleben haben. Er kann uns aufzeigen, was im Bereich des Möglichen ist – und inspiriert uns damit, über uns hinauszuwachsen. Manche Vergleiche motivieren demnach. Außerdem können Vergleiche dafür sorgen, dass wir uns besser fühlen, wenn wir uns zum Beispiel mit jemandem vergleichen, der in irgendetwas schlechter ist als wir.

Dem gegenüber stehen die Vergleiche, die dafür sorgen, dass wir uns minderwertig und schlecht fühlen. Genau diese Vergleiche gilt es aufzuspüren, um ihnen ihre Explosivität und Kraft zu nehmen – und das zeige ich dir im nächsten Kapitel.

2.
Gute Vergleiche, schlechte Vergleiche

Der dänische Philosoph Søren Kierkegaard sagte einmal: »Das Vergleichen ist das Ende des Glücks und der Anfang der Unzufriedenheit.«[8] Ich bin der Meinung, dass Kierkegaard damit nicht *nur* richtiglag – denn wie schon angedeutet hat nicht jeder Vergleich das Zeug dazu, uns schlechte Laune zu bereiten. Ganz im Gegenteil, es gibt sogar Vergleiche, die dafür sorgen, dass wir über uns hinauswachsen und uns richtig gut fühlen.

Nachdem wir uns den Ursachen des Vergleichs und ihrem Vorkommen in deinem Leben gewidmet haben, beschäftigen wir uns als Nächstes mit den verschiedenen Richtungen, in die wir uns vergleichen.

Psychologen und Wissenschaftler unterscheiden zwischen drei Arten, auf die sich ein Mensch mit einem anderen vergleichen kann: aufwärts, auf gleicher Ebene oder abwärts.

Der Aufwärtsvergleich

Beim Aufwärtsvergleich stellt sich eine Person in Relation zu einer anderen, die allem Anschein nach in bestimmten Fähigkeiten oder Merkmalen überlegen scheint. Sind die Gefühle, die anschließend daraus resultieren, konstruktiv, kann der Aufwärtsvergleich zeigen, welche Möglichkeiten der Verbesserung sich bieten. Dabei ist es egal, ob der Vergleich in Bezug auf materielle oder immaterielle Güter oder Werte angestellt wird. Wenn beispielsweise ein Mensch, der mit ähnlichen Fähigkeiten wie man selbst ausgestattet ist, einen Halbmarathon läuft oder in einem anderen Feld über sich hinauswächst, hat der Vergleich mit dieser Person das Potenzial, uns zu motivieren: »Wenn diese Person das kann, kann ich das auch!« Auch Patienten, die eine niederschmetternde Diagnose erhalten haben, gelingt es, über den Aufwärtsvergleich mit Genesenen Inspiration und Mut zu entwickeln. Sie sehen, dass eine Heilung möglich ist, und fühlen sich durch diese Erkenntnis bestärkt.

Der Aufwärtsvergleich birgt jedoch auch das Potenzial, sich am Ende schlecht zu fühlen, denn allzu oft führt ein Vergleich mit einem vermeintlich Besseren zu Neid oder Frustration, die lähmend und destruktiv wirken. Ich weiß, wovon ich rede, denn mir selbst ging es als Studentin genauso.

Als ich an die Uni kam, fingen um mich herum viele Freunde und Kommilitonen an, Tageszeitung zu lesen. Für manche wurde es zu einem täglichen Ritual, und so stieg der Druck auf mich, mithalten zu müssen. Oft nahm ich die Zeitung in die Hand und begann darin zu lesen, aber andauernd verlor ich den Faden. Ich erhielt bei der Lektüre tausend Informationen, über die ich mir so viele Gedanken machte, dass ich ewig an einem einzelnen Artikel hängen blieb. Bis ich einen Beitrag fertiggelesen hatte, waren andere schon mit der ganzen Zeitung durch.

Vieles beschäftigte mich sehr, manches bereitete mir Angst, und bei einigen Artikeln fehlte mir ganz einfach das Hintergrundwissen, um das Geschriebene zu verstehen und einzuordnen. Fast immer zog mich das Zeitunglesen also runter. Ich fühlte mich schlecht, ohnmächtig und hilflos und hatte nicht den Eindruck, mit genügend objektiven Sichtweisen versorgt zu werden, um mir aus den Artikeln heraus eine Meinung zu bilden und bei den Themen mitreden zu können. Die Perspektiven der Autoren waren mir zu einseitig, zu reißerisch oder zu aussichtslos. Das Lesen der Zeitung brachte mir einfach gar nichts.

Dennoch wollte ich mitreden können und informiert sein. Viele der Themen interessierten mich, und ich hatte den Anspruch, die Welt zu verstehen. Deswegen war ich der Meinung, ein Thema erst in Gänze durchleuchtet und von allen Seiten betrachtet haben zu müssen, bevor ich mir eine eigene Meinung bilden durfte. Ich war so perfektionistisch in meinem eigenen Anspruch, dass ich nie viele Themen auf einmal verarbeiten konnte. Kein Wunder, dass ich irgendwann gar nicht mehr wusste, wo ich in der Zeitung anfangen und wo ich aufhören sollte. Also legte ich das Projekt »Zeitunglesen« beiseite, bevor ich überhaupt richtig begonnen hatte. Es war mir zu viel.

Wahrscheinlich war ich die einzige Soziologiestudentin, die nie Zeitung las und nur selten Nachrichten schaute. Immer wenn das Gespräch auf Neuigkeiten aus Politik, Gesellschaft oder Wirtschaft kam, konnte ich nicht mitreden. Ich wurde still, hörte zu, sagte etwas, wenn das Allgemeinwissen reichte, und kam mir die meiste Zeit dumm vor. Ich litt unter der Situation und zweifelte an meinem Verstand.

Später, als ich selbstbewusster wurde, traute ich mich auszusprechen, dass ich keine Zeitung lese. Ich stieß auf verwunderte Blicke und Unverständnis und machte mir viele Gedanken darüber, was die anderen wohl von mir hielten. In meinem Kopf formulierte sich ein Mantra: »Tja, du bist wohl einfach zu faul, dich mit der Zeitung wirklich auseinanderzusetzen – oder zu dumm. Nimm es hin, wie es ist.« Meine Kommilitonen kamen mir so viel schlauer und klüger vor als ich. Wieso fehlte mir die Kompetenz, eine einfache

Zeitung einmal von vorn bis hinten durchzulesen, während andere es in der Bahn, im Café, ja sogar während der Vorlesung nebenbei konnten? Ich kam mir klein und unwichtig vor, wohingegen ich den Eindruck hatte, von lauter Intellektuellen und Genies umgeben zu sein.

Vergleiche nach oben, also mit einer Person, die man für überlegen oder besser hält, können das eigene Selbstwertgefühl empfindlich treffen. Verglichen mit Claudia Schiffers Beinen, Bill Gates' Vermögen oder Albert Einsteins Brillanz, ziehen die meisten von uns den Kürzeren. Frust ist also programmiert, selbst wenn die Idole oder Vergleichsbeispiele nicht ganz so unerreichbar sind wie die oben genannten. Im Prinzip reicht schon ein junger Kollege, der es zehn Jahre vor dir in der Karriere weitergebracht hat als du, oder eine andere Mutter, die drei Monate nach der Entbindung schon wieder ihre Bikinifigur am Strand ausführt, wohingegen du immer noch die Umstandshosen aus der Schwangerschaft trägst.

Frauen kennen die negativen Auswirkungen des Aufwärtsvergleichs, wenn sie ein sehr attraktives Model sehen, das in einer Werbeanzeige ein hübsches Kleid trägt, und sie dasselbe Kleidungsstück kurze Zeit später im schonungslosen Licht der Umkleidekabine anprobieren: Sie fühlen sich weniger attraktiv als das Model und gehen im schlimmsten Fall geknickt und frustriert aus dem Laden. Oder, noch schlimmer: neidisch.

Exkurs: Neid

In der Psychologie unterscheidet man zwischen konstruktivem und destruktivem Neid. Ersterer füttert die eigene Motivation, etwas zu verändern oder zu verbessern. Destruktiver Neid führt zu Missgunst und einer Abwertung der eigenen Person. Oft sind wir auf gerade die Dinge neidisch, die in unserer jeweiligen Lebenssituation am wichtigsten sind. Deshalb neiden junge Menschen häufiger in Bezug auf Beruf, Karriere und Geld, ältere in Bezug auf Gesundheit. Es liegt auf der Hand: Das, wonach wir uns am meisten sehnen, rückt in den Mittelpunkt unseres Interesses. Schwinden dann die Ressourcen, beneiden wir andere, die das »Gut« im Überfluss haben.

Das Umfeld, in dem wir uns bewegen und aufhalten, hat also Einfluss auf die Dinge, die wir anderen neiden. In Deutschland, wo Besitz und Vermögen eine große Rolle im sozialen Miteinander spielen, sind Menschen besonders auf Reichtum und finanzielle Unabhängigkeit neidisch (25 Prozent), dicht gefolgt von einem besseren Lebensstil und Besitztümern. Nur etwa 13 Prozent gaben an, auf schönere Menschen neidisch zu sein, und gerade einmal 10 Prozent beneideten andere um ihren Erfolg in der Liebe, wie eine Umfrage der Gesellschaft für Konsumforschung aus dem Jahr 2015 ermittelte.[9]

Nun ist Neid keine Eigenschaft, die wir Menschen exklusiv gepachtet haben. Auch von Hunden, Krähen und Kapuzineräffchen weiß man, dass sie auf eine gefühlte oder tatsächliche Ungleichheit reagieren.[10] Allerdings unterscheiden sich menschlicher und tierischer Neid in einem nicht unerheblichen Faktor: Tiere sind nicht missgünstig. Sie streben nach dem, was sie nicht haben, aber bei einem Artgenossen sehen (das größere Nest, das bessere Futter, das schönere Weibchen und so weiter), doch sie missgönnen dem anderen Tier den Besitz nicht oder entwickeln negative Gefühle für das andere Lebewesen. Sie wollen nur etwas für sich haben und machen ihre Ansprüche geltend – ab dann gilt das Gesetz des Stärkeren.

Tierischer Neid sichert also die eigenen Chancen des Überlebens und der Fortpflanzung. Er sagt: »Achtung, dir fehlt etwas, was du zum Leben brauchst!«, und ist damit so etwas wie ein inneres Alarmsignal. Das unangenehme Gefühl, das der Neid verursacht, sorgt dafür, dass Tiere sich in Bewegung setzen und sich das holen, was sie brauchen, um ihren offensichtlichen Nachteil auszugleichen. Der tierische Neid ist demnach zwar ein egoistischer, aber kein bösartiger, der dem anderen Lebewesen etwas wegnehmen möchte, um ihm zu schaden. Es ist ein Instinkt.

Menschlicher Neid indes ist in der Regel ein bewusster Prozess ab dem Moment, wenn man ihn bemerkt. Es handelt sich also in seinem Ursprung um einen Instinkt (»Da hat jemand etwas, was ich nicht habe, und das ist schlecht«), der im Anschluss jedoch emotional von uns verarbeitet wird. Bösartiger, destruktiver Neid verfolgt das Ziel, andere zu erniedrigen, sie schlechtzumachen oder ihnen etwas nicht zu gönnen – sogar dann, wenn man es selbst nicht haben kann. Diesen bösartigen Neid kennt man aus der Tierwelt nicht, er ist allein den Menschen eigen.

Um neidisch zu sein, muss man keinen niedrigen Selbstwert haben, denn das Gefühl der Unterlegenheit kann jeden Menschen treffen. In Studien fand man sogar heraus, dass ein besonders hoher Selbstwert bei Personen dazu führen kann, dass sie eher bereit sind, den Erfolg von Kollegen kleinzureden oder sogar zu sabotieren.[11]

Eine Klientin von mir ist Freiberuflerin und häufig auf Reisen. Sie berichtete mir, dass ihr der Neid anderer Menschen immer wieder entgegenschlage. Zwar sei es kein bösartiger Neid, sondern immer eher einer, der von Bewunderung geprägt sei – trotzdem war sie davon genervt.

»Ich weiß nicht, warum mir die Leute immer wieder sagen, dass sie mich für meine vielen Reisen beneiden. Jeder, der im Besitz eines Passes ist, kann doch auf Reisen gehen«, beschwerte sie sich.

Ich erwiderte: »Ja, aber die meisten können sich nicht so lange von ihrem Beruf freimachen.«

Sie nickte. »Stimmt. Es gibt jedoch die Möglichkeit, ein Sabbatjahr einzulegen oder unbezahlten Urlaub zu nehmen.«

»Wer zahlt dann in der Zeit das Haus und die laufenden Kosten ab?«

Sie lächelte. »Niemand ist dazu gezwungen, ein Haus zu kaufen oder in einer teuren Mietwohnung zu leben.«

»Das ist richtig. Aber manche haben ja auch Kinder, die in die Schule gehen müssen.«

»Das können Kinder auch im Ausland. Oder man nutzt die langen Ferien für eine ausgedehnte Reise.«

»Reisen sind teuer«, gab ich zu bedenken.

»Das kommt darauf an, wie man reist«, sagte sie und erklärte dann: »Meine große Flexibilität im Job hat einen Preis. Ich habe kein Wohneigentum und residiere nicht in Fünf-Sterne-Hotels, wenn ich unterwegs bin. Ich habe mich für dieses Leben ohne Kinder und ohne Verpflichtungen entschieden, mit einem Beruf, der mir kaum Sicherheiten bietet. Deswegen finde ich es unangemessen, wenn ich beneidet werde. Es ist eine Entscheidung, dieses Leben zu führen – kein Zufall, keine glückliche Fügung. Die meisten wollen die Dinge, die ihnen Sicherheit geben, nicht aufgeben. Sie würden das Leben, das ich führe, im Grunde doch gar nicht haben wollen. Sie halten an ihren vermeintlichen Sicherheiten fest, *darum* sind sie nicht flexibel und neiden mir die vielen Reisen.«

Nun lächelte ich. »Vermutlich sind sie genau deshalb neidisch: weil du mutig bist und sie nicht.«

Das kleine Beispiel meiner Klientin zeigt einmal mehr: Wer

neidisch ist, schaut oft nur durch das Schlüsselloch, von dem ich weiter oben sprach. Häufig zeigt einem der Neid auch die eigenen Grenzen auf: Wie weit wäre ich bereit zu gehen, um schöner, sportlicher, beruflich erfolgreicher oder flexibler zu werden? Diese Grenzen sind häufig auch das, was wir Komfortzone nennen.

Es ist schwer, diese Zone, in der wir uns wohlfühlen, zu verlassen – der Ehrgeiz, die Motivation oder der Schmerz müssen schon groß sein. Denn das Gehirn ist ein Gewohnheitstier. Wenn es einmal eine Route in unseren Gedanken getrampelt hat, ist es in der Regel von allein nicht mehr bereit, einen anderen Weg zu gehen. Wieso auch? Es ist doch so schön energieeffizient, wenn man jeden Montag dasselbe isst oder sich über die Reiseplanung keine Gedanken mehr machen muss, weil man seit fünfzehn Jahren an denselben Ort fährt.

Die sogenannte Komfortzone und damit die Trampelpfade des Gehirns zu verlassen erfordert Kraft. Viele scheuen sich, diese Kraft aufzubringen – da ist es doch leichter, in der Komfortzone sitzen zu bleiben und neidisch auf die zu gucken, die sich getraut haben.

Vielleicht betrachtest du Neid in Zukunft von einer neuen Seite, sobald du ihn verspürst: Wenn das Gefühl von Neid in dir erwirkt, dass du über dein Lebenskonzept nachdenkst und eventuell Anpassungen vornimmst, ist es ein sehr guter Impuls und wichtig für deine persönliche Entwicklung. Hast du jedoch den Eindruck, dass du ungerecht behandelt wirst und dass das, was du dem anderen neidest, ihm nicht zusteht, wirkt sich der Neid negativ auf deine Person aus.

Ich war als Kind immer neidisch auf Mitschüler, die sich binnen Minuten eine Vokabel merken konnte, wohingegen ich Stunden auf das Blatt vor mir starrte und das Gefühl hatte, dass kein einziges Wort in meinem Gedächtnis hängen bleiben wollte. Irgendwie, dachte ich, muss es doch möglich sein, mir diese

Vokabeln einzuprägen! Ich war neidisch darauf, den Weg, meinen Weg, noch nicht gefunden zu haben. Es gibt Schüler, bei denen dieses persönliche Unvermögen den Ehrgeiz fördert. Leider gehörte ich nicht zu diesen Schülern.

Heute weiß man, dass wir vor allem auf Menschen neidisch sind, die uns in irgendeiner Weise ähnlich sind. Erinnere dich an mein Beispiel von weiter oben: den Gehaltsvergleich mit dem Millionär oder der Kollegin. Beide verdienen eventuell mehr als man selbst, dennoch kratzt es mehr am eigenen Ego, dass die Kollegin besser verhandelt hat oder vom Vorgesetzten höher eingeschätzt wird.

Auch ich war als Studentin neidisch auf meine Kommilitonen, die Zeitung lasen – und nicht auf meinen Professor, mit dem ich mich sowieso niemals hätte vergleichen wollen. Über Jahre ging das so. Ich fand es beneidenswert, dass die anderen immer auf dem Laufenden waren und ich von vielem nichts mitbekam.

Bis ich mich eines Tages fragte: Was fangen meine Kommilitonen eigentlich mit den Informationen aus der Zeitung an? Und inwiefern unterscheidet uns ihr Informationsvorsprung?

Mir fielen keine Antworten auf meine Fragen ein. In den Themen, die mich interessierten, war ich gut informiert, und mit anderen Angelegenheiten wollte ich mich nicht beschäftigen. Sie hätten mich sowieso überfordert. Ich hatte mir in der Zwischenzeit angewöhnt, selbst zu filtern, wovon ich wie viel vertragen und verarbeiten konnte, sodass es sich für mich gut anfühlte.

Durch diese Erkenntnis, dass es bei der Informiertheit nicht um das quantitative »Wie viel?«, sondern um das qualitative »Was?« geht, änderte sich meine Sichtweise radikal. Mir wurde bewusst, dass ich mich vor dem Informationsüberschuss, der mir geschadet hätte, unbewusst selbst schützte. Ich war bei vielen Dingen mit allen Sinnen dabei, weshalb ich innerlich eine Grenze ziehen musste, um mich nicht zu überlasten. Ich verstand, dass die anderen vielleicht einfach mehr vertragen konnten, weil sie sich vieles nicht so zu Herzen nahmen wie ich. Oder keinen so hohen, beinah perfektionistischen Anspruch an sich selbst hatten. Darüber hinaus stellte ich fest, dass auch die Kommilitonen in manchen Bereichen informierter waren als in anderen, weil sie das Thema mehr interessierte.

Seit diesem Zeitpunkt ist das schlechte Gefühl verschwunden, wenn ich jemandem erzähle, dass ich keine Zeitung lese. Es stört mich außerdem nicht mehr, wenn mich jemand deshalb schief anschaut. Ich habe nur mich und meine Ressourcen. Wenn etwas meine persönliche Grenze überschreitet, ist da niemand außer mir selbst, der auf mich Rücksicht nehmen kann.

Ich hörte auf, mich zu vergleichen, und nahm meine Kommilitonen endlich auf Augenhöhe wahr. Ohne zu wissen, wie ich es anstellte, zeigte ich mir gegenüber Milde. Und ich fand heraus, dass ich gar nicht so uninformiert war, wie ich immer gedacht hatte.

Heute weiß ich aus zahlreichen Beratungen und Sitzungen mit Patienten, dass diese Milde sich selbst gegenüber ein entscheidender Faktor ist, den Neid zu überwinden. Es hat auch mit Vergebung zu tun, wenn man sich eingesteht: »Das kann ich nicht, aber das ist vollkommen in Ordnung. Ich muss es nicht können, denn es macht mich nicht zu einem besseren, schöneren oder erfolgreicheren Menschen.«

In der Übung »Neid überwinden« geht es genau darum: dir selbst zu verzeihen, dass du nicht anders bist, als du bist, sondern genau so – und zwar, weil es gut so ist.

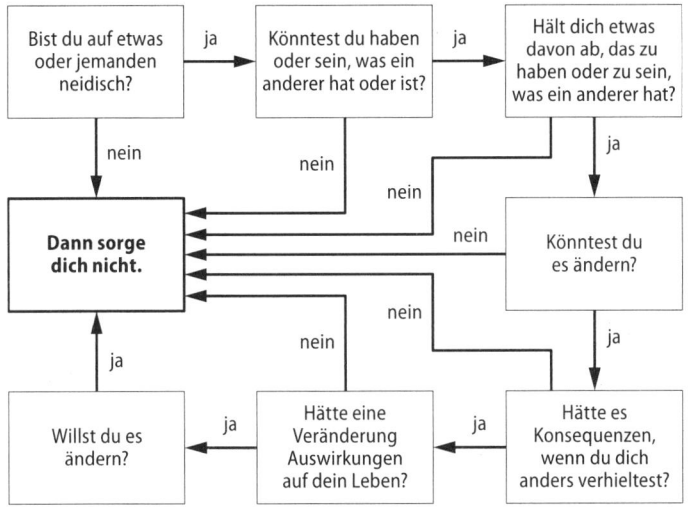

Frag dich, nachdem du dir diese Grafik genauer angeschaut hast: »Beneide ich den anderen immer noch um das, was er hat oder ist?«

Der Horizontalvergleich

Wer eine Einschätzung über sein gegenwärtiges Selbst sucht, vergleicht sich mit Ähnlichen, Gleichgestellten oder sogenannten Peergruppen. Dieser Vergleich geht nach dem bereits zitierten Leon Festinger weder nach oben noch nach unten, sondern findet auf horizontaler Ebene statt.

Häufig vergleichen wir uns horizontal, wenn wir zum Beispiel im Sportverein, Lesezirkel, in einer Musik- oder Tanzgruppe oder Ähnlichem aktiv sind. Auch horizontale Vergleiche innerhalb eines Arbeitsteams sind möglich, also mit

Kollegen, mit denen man auf eine wie auch immer geartete Art zusammenarbeitet.

Beim horizontalen Vergleich stehen eine Aktivität, die alle gern und vermutlich auch besonders gut machen wollen, oder ein gemeinsames Ziel im Mittelpunkt. Kollektiver Wunsch ist, ein bestimmtes Niveau zu erreichen. Der Vergleich findet auch hier von Person zu Person statt, aber es gibt einen Konsens in der Gruppe, was als besonders gut gilt und erreicht werden soll.

Genau wie beim Aufwärts- und Abwärtsvergleich löst die Situation Druck aus, weil man einen Anspruch an sich entwickelt und mithalten möchte. Niemand will schließlich als das Schlusslicht einer Gruppe dastehen. Ohne die Gruppe, die das Ziel verfolgt, würde der individuelle Vergleich wahrscheinlich gnädiger ausfallen, da das Einzelziel, das es zu erreichen gilt, häufig weniger konkret formuliert wird, als wenn man gemeinsam mit anderen auf eine Sache hinarbeitet. Denk an das Experiment mit den Sportlern, die im Ganzkörperstütz möglichst lange durchhalten sollten. Jeder der dort Anwesenden hat nicht nur für sich, sondern auch für die Gruppe sein Bestes gegeben. Der horizontale Vergleich kann motivierend und nützlich sein, wenn es gelingt, den Blick nicht nur auf die anderen, sondern auch auf sich selbst zu lenken.

In meinen Paarberatungen ist die Augenhöhe eines der wichtigsten Themen für eine gut funktionierende Beziehung. Gerade bei der Aufarbeitung von Seitensprüngen und bei der Suche nach den Ursachen stelle ich oft fest, dass die Partner sich nicht mehr auf Augenhöhe begegnen. In manchen Fällen hat sich einer schon immer kleiner gefühlt als der andere. Es kommt aber auch vor, dass eine anfänglich vorhandene Augenhöhe verloren geht. Wenn einer der Partner beispielsweise eine persönliche Krise hat oder der andere sich so sehr weiterentwickelt, dass er die Welt durch eine andere Brille betrachtet, kommt es zur Diskrepanz und zum Ungleichgewicht. Umso wichtiger ist es, sich für eine Paarbeziehung Zeit zu nehmen – unabhängig vom Alltagstrubel, von Kindern, dem Familienleben oder den eigenen Bedürfnissen.

Erst kürzlich erzählte mir eine Frau, wir nennen sie hier Angelika, in der Beratung, ihr Mann Holger sei fremdgegangen. Am Anfang, als sie davon erfahren habe, sei sie überrascht von seinem Verhalten gewesen, mit etwas Abstand aber habe sie schon vor seinem Seitensprung die letzten Monate das Gefühl gehabt, dass mit ihrer Beziehung etwas nicht stimme.

»Ich würde von Holger gern wissen, warum er mir das angetan hat«, sagte Angelika, als beide zum Termin bei mir erschienen.

Ich sah in Holgers Richtung, der etwas geknickt in seinem Sessel hockte und ein trauriges Gesicht machte. »Ich habe mich bei der anderen Frau gebraucht gefühlt. Und nützlich. Sie hat mir das Gefühl gegeben, stark zu sein.«

»Und warum war das wichtig für Sie?«, hakte ich nach.

Holger seufzte. »In den letzten Monaten habe ich mich Angelika gegenüber oft klein gefühlt. Sie hat eine neue Stelle angetreten, ein deutlicher Karrieresprung mit Personalverantwortung. Irgendwie wurde sie immer selbstbewusster und stärker. Für ihren Job hab ich das ja verstanden. Aber zu Hause ...« Er sah aus dem Fenster. »Ich hatte irgendwann den Eindruck, sie nur noch zu nerven.«

Ich sah zu Angelika. »Was sagen Sie zu Holgers Beobachtung?«

Sie nickte langsam. »Das stimmt. Holger hat mich genervt. Dauernd zweifelt er an sich. Beruflich geht bei ihm nichts voran. Er steckt in einer Sackgasse, und das hat mich rasend gemacht. Dass er so wenig für sich einsteht und so ein niedriges Selbstbewusstsein hat, kann ich schlecht verkraften.«

»Können Sie verstehen, warum er Ihnen fremdgegangen ist?«

Angelika blinzelte ein paarmal, ehe sie sagte: »In gewisser

Weise schon. Ich wurde immer stärker und bestimmender. Wir hatten nicht mehr viel Zeit für uns, mein Job ging immer vor. Ich habe unsere Beziehung vernachlässigt.«

Holger gab zu: »Und ich habe mich selbst vernachlässigt. Meine Bedürfnisse habe ich nie an Angelika kommuniziert. Ich habe zugelassen, dass sie wächst, während ich stagnierte. Das hat mich frustriert.«

Seine Frau schaute ihn lange an. »Und dann kam da diese andere Frau, die dir zeigte, wie großartig du bist.«

Warum erzähle ich dir von Angelika und Holger? Weil ich hoffe, dass du erkennst, wie wichtig es ist, sich als Paar auf Augenhöhe zu begegnen. Wenn nur ein Partner wächst, entsteht ein Ungleichgewicht, das über kurz oder lang zur Krise führt.

Krisen sind nicht nur schlecht. Sie stellen Chancen dar, denn sie lassen uns wachsen – meist jedoch unter Schmerzen. Als Paar ist es wichtig, nicht nur die eigenen Bedürfnisse, sondern auch die des Partners im Blick zu behalten – und umgekehrt. Wer immer nur für den anderen da ist und stets zurücksteckt, wird auch unglücklich. Ich glaube, dass jeder Verantwortung für seine eigene Zufriedenheit trägt. Es gibt keinen anderen Menschen, auch der engste, liebenswerteste Partner nicht, der genau weiß, was wir brauchen. Aus diesem Grund liegt es auch an jedem Einzelnen, die Augenhöhe wiederherzustellen, sollte sie einmal verloren gegangen sein. Ziel dabei ist nicht, immer gleichauf sein zu wollen – das ist praktisch nicht umsetzbar. Doch es wäre wünschenswert, wenn mehr Menschen ihr Schicksal in die Hand nähmen, eben um sich gemeinsam zu entwickeln.

Häufig bleiben Paare in der Erwartung stecken, der andere möge sich zu seinen Gunsten verändern. Das wäre in etwa so, als hätten wir eine Fernbedienung für den anderen und wir stellten unser Wunschprogramm ein.

Den Füllstand überprüfen

Male einen Ballon. Dieser steht für dich und den Platz, den du deinen Bedürfnissen einräumst. Mit der Größe des Ballons drückst du aus, wie viel Raum du dir selbst in deinem Leben gibst.

Zeichne als Nächstes einen zweiten Ballon. Seine Größe steht, sofern du gerade in einer Partnerschaft bist, für den Raum, den du der Beziehung gibst. Falls du zurzeit Single bist, kannst du diesen Ballon einfach weglassen.

Der dritte Ballon steht für dich in der Familie. Damit meine ich das erweiterte Familiensystem mit Kindern oder Eltern und Geschwistern. Zeichne den Ballon genau wie den Beziehungsballon in Relation zu deinem ersten, der für dich steht.

Zuletzt bitte ich dich darum, einen vierten Ballon zu malen. Mit seiner Größe kannst du ausdrücken, wie viel Raum deine Arbeit im Vergleich zu den anderen drei Ballons einnimmt.

Betrachte nun die Zeichnung. Frag dich selbst: Wenn alle Ballons den Idealzustand hätten und genau so groß wären, wie es sich für dich richtig und gut anfühlt, welche Bedürfnisse wären dann erfüllt? Schreib diese Bedürfnisse in den Ballon oder daneben.

Untersuche dein Bild noch einmal. Was fällt dir auf? Wie groß sind die unterschiedlichen Ballons? Gefällt dir die Verteilung? Oder würdest du dir für den einen oder anderen Ballon einen anderen Füllstand beziehungsweise eine andere Größe wünschen? Was würde sich gut anfühlen? Es geht nicht darum, den Idealzustand zu erreichen, sondern zu erkennen, was für dich realistisch umsetzbar ist und sich gut anfühlt. Damit ist eine Ballongröße gemeint, bei der du sagen kannst: »Hiermit kann ich leben. Das wäre gut für mich.«

Überleg dir, was du im Alltag konkret tun kannst, um dahin zu kommen.

Der Abwärtsvergleich

Bisher sind wir vor allem davon ausgegangen, dass wir uns von oben nach unten vergleichen. Es gibt aber auch den umgekehrten Fall: wenn wir uns nach unten vergleichen, das heißt mit Personen, denen es schlechter geht als uns. Dabei fühlen wir uns in der Regel größer, stärker, schöner, besser oder intelligenter – vermutlich liegt darin der Grund, warum Reality-TV nach wie vor so erfolgreich ist: Verglichen mit vielen der Mütter von »Frauentausch«, der Pechvögel von »Goodbye Deutschland« oder der oft skurrilen Charaktere bei »Bauer sucht Frau«, glauben wir relativ gut wegzukommen. Der Abwärtsvergleich schützt oder verbessert also unser Selbstwertgefühl. Die Theorie des sozialen Vergleichs von Festinger räumt dem Abwärtsvergleich deswegen eine große Bedeutung in Bezug auf die Selbstbewertung ein.

Manchmal hören wir von Menschen, die vom Schicksal wirklich gebeutelt werden. Im Vergleich zu diesen Pechvögeln haben wir plötzlich das Gefühl, dass wir im Grunde ja nicht so schlecht dran sind. Immerhin sind wir gesund, leben in einer mal mehr, mal weniger glücklichen Beziehung und haben einen Job, der uns das Einkommen sichert und die meiste Zeit Freude bereitet. Doch kaum dass wir das denken, packt uns das schlechte Gewissen. Ist es fair, sich im Vergleich zum Elend oder Kummer anderer gut zu fühlen? Wie bei vielem anderem im Leben entscheidet hier die Verhältnismäßigkeit. Sofern du in der Lage bist, deinem Vergleichsobjekt empathisch und wertschätzend zu begegnen, spricht nichts dagegen, sich ab und zu auch mal nach unten zu vergleichen.

Wenn der Vergleich aber gehässig, schadenfroh oder überheblich wird, ist es an der Zeit, sein eigenes Verhalten zu überdenken. Während wir beim Aufwärtsvergleich vor allem mit uns selbst zu kämpfen haben und daran arbeiten müssen, unser eigenes Selbstwertgefühl aufzubauen, hat der Abwärtsvergleich eher die Auswirkung, dass wir uns mit anderen auseinandersetzen müssen. In beiden Fällen verschiebt sich die Augenhöhe von Mensch zu Mensch. Einer von beiden fühlt sich kleiner oder größer als der andere.

Vergleichen mit anderen

»Vergleich dich nicht mit anderen!« Stimmt im Grunde, aber in dieser Übung geht es genau darum: dich mit anderen zu vergleichen, damit du deinen Selbstwert steigerst.
Überleg dir, in welchem Lebensbereich du dich gerade nicht wohlfühlst oder nicht zufrieden bist. Das kann dein Körper sein, deine Gesundheit, deine Partnerschaft, deine Jobsituation und so weiter.
Schätze nun auf der Skala von 0 bis 10 deine Zufriedenheit in diesem Lebensbereich ein. Die 0 steht für »gar nicht zufrieden«, die 10 für »völlig zufrieden«.

```
1    2    3    4    5    6    7    8    9    10
├────┼────┼────┼────┼────┼────┼────┼────┼────┤
```

Denk im nächsten Schritt darüber nach, welchen drei Menschen, die du kennst oder die dir bekannt sind, es in Bezug auf den Lebensbereich, in dem du gerade unzufrieden bist, schlechter geht. Es geht nicht darum, dich über die anderen zu stellen, sondern zu analysieren, was genau an der Situation dieser drei Menschen belastend oder schwierig ist. Dazu bitte ich dich im nächsten Schritt. Mach dir gern Stichworte zu deinen Gedanken, falls dir das hilft.
Kommen wir wieder zu dir. Frag dich: »In welchem Punkt geht es mir

besser als den drei Menschen? Was ist an meiner jetzigen Situation vielleicht sogar gut oder schön?«

Wirf einen Blick in dein Inneres. Hat sich deine Unzufriedenheit verbessert? Du kannst dein Gefühl auch wieder auf der Skala einordnen.

Hat sich die Einschätzung verändert? Vielleicht sogar zum Positiven? Dann hast du am eigenen Leib erfahren, dass es manchmal helfen kann, sich mit anderen zu vergleichen. Wichtig bei dieser Übung ist, dass du nicht über andere urteilst, sondern dir ausschließlich über dich Gedanken machst.

Falls du den Abwärtsvergleich nicht vertretbar findest oder er dir sehr schwerfällt, kannst du anstelle der drei Menschen auch eine Situation aus deiner eigenen Vergangenheit nehmen und deine jetzige Zufriedenheit mit dieser vergleichen. Wichtig ist dabei, dass du keine Situation wählst, in der du in Bezug auf den Lebensbereich absolut glücklich warst. Es soll schließlich ein Abwärts- und kein Aufwärtsvergleich sein, auch wenn dies auf den ersten Blick befremdlich wirkt.

Ich hoffe, dass du mein Ansinnen mit der Übung richtig verstehst, deshalb sei es noch einmal gesagt: Es geht überhaupt nicht darum, sich über andere zu erheben, sie zu erniedrigen oder sich größer zu machen. Zweck der Übung ist einzig und allein, den Fokus bewusst auf andere Menschen zu legen und somit das eigene Gefühl zu verändern. Vor allem in Situationen, in denen es dir nicht gut geht, kann diese Übung helfen, dich ein wenig zu entlasten oder zu ermutigen. Die Übung verfolgt nicht das Ziel, ein konkretes Problem zu lösen. Es geht nur um deine Wahrnehmung und dein Gefühl. Wenn es dir nämlich gelingt, selbst im Unglück ein Quäntchen Glück zu entdecken, schöpfst du Hoffnung, fühlst dich durch die kleine Portion Dopamin besser – und stärkst gleichzeitig deine Resilienz.

Exkurs: Resilienz

Bestimmt hast du schon einmal das Wort »Resilienz« gehört. Damit bezeichnet die Psychologie die »innere Widerstandsfähigkeit« eines Menschen und die Fähigkeit, schwierige Lebenssituationen ohne anhaltende Beeinträchtigung zu überstehen. In Studien wurde herausgefunden, dass Menschen unterschiedlich auf schwere Schicksalsschläge reagieren – selbst wenn es dieselben Ereignisse sind. Nicht jeder ist gleich widerstandsfähig. Manche erholen sich von einem traumatischen oder belastenden Moment sehr schnell, andere werden selbst durch mildere Umstände jahrelang zurückgeworfen.

Die gute Nachricht ist, dass Resilienz trainiert werden kann. Wissenschaftler untersuchen schon seit Längerem, wie resiliente Menschen auf schwierige Umstände reagieren: Sie vergleichen den akuten, schmerzhaften Augenblick mit anderen Situationen in ihrem Leben, in denen sie zu Boden gegangen sind. Und das hat positive Auswirkungen, denn

- erstens erkennen sie die aktuelle Lage und den einhergehenden Schmerz an, und
- zweitens vergleichen sie das momentane Leid mit vergangenem Schmerz und können es so abmildern.

Natürlich fühlt sich jeder Liebeskummer wie der schlimmste überhaupt an. Verglichen mit dem schwärzesten, dunkelsten und schmerzhaftesten Augenblick unseres Lebens, begreifen wir jedoch, dass wir in der Lage sind, viel mehr hinter uns zu lassen, als wir in dieser Situation denken. Und noch mehr: Wir können Schmerz nicht nur überleben, wir können an ihm wachsen. Resiliente Menschen vergleichen also, oft ganz unbewusst, ihre Situation mit dem bisher Erlebten und stellen häufig fest: Sie haben schon Schlimmeres erlebt. Oder sie erkennen an, dass die neue Situation die bisher schmerzhafteste ist, sie aber erwartungsgemäß auch diese überleben werden. So gelingt es ihnen, sich nicht im Kummer zu verlieren, sondern nach vorn zu schauen und weiterzumachen.

Es ist also durchaus sinnvoll, die eigene Lage immer wieder mit Situationen der Vergangenheit zu vergleichen und das Gefühl für die aktuelle Lage zu ändern. Die Übung »Der schwärzeste Tag« soll dir helfen, über den gezielten Abwärtsvergleich deine eigene Resilienz zu trainieren.

● Der schwärzeste Tag

Ich möchte dich bitten, an den schrecklichsten Tag in deinem Leben zu denken, an dem du keine Hoffnung verspürtest und nicht wusstest, wie es weitergehen soll. Diesem Tag gibst du auf einer Skala eine 10.

1	2	3	4	5	6	7	8	9	10

Wenn du das nächste Mal niedergeschlagen oder hoffnungslos bist, eine wirklich schlechte Nachricht erhältst oder an deinem Leben zweifelst, möchte ich dich darum bitten, an diesen schwarzen Tag, deiner persönlichen Hölle auf Erden, zu denken. Versetz dich mit allen Sinnen in das Gefühl von damals. Stell dir die Situation noch einmal lebhaft vor, als wäre sie eben erst geschehen. Überleg genau, wie und wodurch du gelitten hast.

Setz deinen aktuellen Schmerz nun bitte in Relation zu diesem Tag, der Ziffer 10, und überprüfe, wie heftig dein Leid im Vergleich zu diesem Moment ist. Eine 7 vielleicht? Oder doch eher eine 4?

```
1     2     3     4     5     6     7     8     9     10
├─────┼─────┼─────┼─────┼─────┼─────┼─────┼─────┼─────┤
```

Als Nächstes mach dir klar: Du hast den schwärzesten Tag deines Lebens überwunden, er hat dazu beigetragen, dich zu der Person zu machen, die du jetzt bist. Vielleicht hat es eine Weile gedauert, ehe du wieder auf die Beine gekommen bist – das ist okay. Was zählt: Du bist wieder aufgestanden. Überleg dir jetzt, im Nachhinein, was dir damals beim Aushalten oder bei der Überwindung des Schmerzes geholfen hat. Was war wichtig, um diese Zeit zu überstehen? Was war hilfreich? Was hast du getan, damit es dir wieder besser geht?

Mach dir klar, wo du mit deinem aktuellen Schmerz stehst, und überleg dir, wie lange es wohl dauern wird, bis du wieder zurück in die Spur kommst. Ich vertraue darauf, dass dir die Situation, die du eben noch als furchtbar und kaum erträglich empfunden hast, nun mit mehr Kraft und Zuversicht meistern kannst.

Was aber, wenn du feststellst: Dieser aktuelle Schmerz, meine akute Krise, ist das Schlimmste, was mir je widerfahren ist? Dann nimm es an, und orientiere dich an den Dingen, die du in deinem Leben bereits bewältigt hast. Du hast die Kraft dafür, vertrau darauf. Erkenne an, dass du einen neuen Tiefpunkt erreicht hast. Deine 10 auf der Schmerz-Richterskala hat eine neue Dimension erreicht. In der Sekunde, in der du anerkennst, dass durch dieses Ereignis, wie auch immer es aussehen mag, nichts mehr so ist, wie es vorher war, setzt deine innere Heilung ein. Du fragst dich nicht mehr, warum dir etwas widerfährt, wieso ausgerechnet du vom Schicksal so gebeutelt wirst. Stattdessen gehst du den ersten Schritt in Richtung Versöhnung. Was auch immer geschehen ist, es ist passiert – du hast auf eine Art und Weise reagiert, die ihre Berechtigung hat. Möglicherweise hast du sogar das Beste gegeben, was dir zu der Zeit, in der Situation und unter den Umständen möglich war. Nimm es hin, wie es ist, denn du kannst es nicht mehr ändern. Was du aber änderst, ist deine innere Haltung: »Ich erkenne an, was ist. Ich nehme das, was kommt, und akzeptiere es.«

In meinen Beratungen erlebe ich oft, dass Menschen sich schnell verurteilen. Wir reagieren sehr häufig mit Selbstvorwürfen, wenn es uns nicht gut geht, und kämpfen gegen den schlechten Zustand an. Wir wollen ihn loswerden und versuchen alles, um ihn zu vertreiben. Doch diese Gegenwehr zahlt auf unser Negativkonto ein: Wir können Schmerz oder Leid nämlich nicht einfach abschütteln. Sie dürfen und müssen sein und verlangen, dass wir uns mit ihnen auseinandersetzen.

Ich stelle meinen Klienten manchmal die Frage, ob es sein darf, dass der Schmerz noch eine Weile bleibt. Ob es okay ist, wenn es eine Zeit lang keine Besserung gibt. Manchmal frage ich: »Darf es Ihnen schlecht gehen?«

Wir können im Leben nicht alles kontrollieren, und wir können nicht immer etwas an unserer Situation ändern. Was wir aber beeinflussen können, ist unser Umgang mit der Situation. Wenn es in Ordnung ist, dass es uns auch einmal schlecht geht, müssen wir nicht auf uns selbst böse sein, falls es eine Weile dauert, bis Besserung eintritt. Wir sollten uns selbst milde und zuvorkommend behandeln und nicht immer so streng mit uns sein. Wenn wir uns selbst wertschätzend gegenübertreten, fühlen wir uns sofort besser. So können wir am Ende indirekt etwas an der gleich bleibenden Situation verändern: Wir nehmen uns die Schuld und verzeihen uns selbst, indem wir es akzeptieren, wie es ist.

Ein kaum zu erreichendes Ideal

Häufig vergleichen wir uns nicht nur mit anderen nach oben, nach unten oder auf horizontaler Ebene, sondern auch mit einem Idealbild, das wir von uns selbst haben. In unserer Vorstellung sind wir eine gewisse Person, die auf bestimmte Vorkommnisse in ihrem Leben so oder so zu reagieren hat. Ich nenne diese Version deiner und meiner selbst »das Ideal-Ich«. Überraschenderweise hat das Ideal-Ich in unserem echten Leben relativ häufig das Nachsehen, weil das Real-Ich sich eben so verhält, wie wir in Wahrheit sind: sturköpfig, jähzornig, eifersüchtig, neidisch und so weiter.

Wenn wir wieder einmal feststellen, dass sich unser Real-Ich nicht so verhalten hat, wie wir es von unserem Ideal-Ich erwarten, machen wir uns in der Regel Vorwürfe: »Sollte ich es nicht besser wissen? Ich bin doch eigentlich stärker! Wieso kann ich mich nie am Riemen reißen und flippe jedes Mal aus?« Oder auch: »Warum bin ich nicht so schlagfertig und selbstsicher, wie ich es mir immer vornehme?«

Bestimmt kennst du das. Und du weißt auch, wie unglaublich frustrierend es ist, wenn man sich nach einem blöden Streit, einer überflüssigen Auseinandersetzung oder einer wieder mal verpassten Chance, für sich einzustehen, vor sich selbst verantworten muss. Stattdessen macht man sich zusätzlich klein durch all die Selbstvorwürfe, was man doch eigentlich hätte besser machen sollen. Stimmt's?

Ich möchte dich dazu einladen, beim nächsten Mal, wenn dein Real-Ich mal wieder das Ruder übernimmt und dein Ideal-Ich nichts mehr zu melden hat, gnädig mit dir zu sein. Vergib deinem Real-Ich, dass es nicht selbstbewusster, nachgiebiger, freundlicher oder was auch immer ist. Die Vorwürfe an dich selbst bringen dir gar nichts, ganz im Gegenteil:

Wenn du dich immer mit der Version von dir vergleichst, die du zu sein erwartest, kannst du nur verlieren.

Ein bisschen kannst du das mit einer Diät vergleichen. Wenn du drei Wochen gut durchgehalten, viel Sport getrieben, am Abend auf die Kohlenhydrate und tagsüber auf die Zwischenmahlzeiten verzichtet hast und dir dann *einmal* ein Stück Kuchen gönnst – hängst du dann gleich den ganzen Diätplan an den Nagel? Nein! Morgen ist auch noch ein Tag, und einmal ist keinmal. Also sei nicht so streng mit dir. Du verbesserst dich, auch wenn du die Veränderungen nicht siehst. Denn du wirst bewusster bei jedem Mal, wenn du merkst, dass du dich eigentlich hättest anders verhalten wollen. Anderen lässt du doch auch mal einen schlechten Tag durchgehen, oder? Warum also nicht dir? Der Vergleich mit deinem Ideal-Ich mag dir in vielen Situationen eine gute Inspiration sein. Er sollte jedoch niemals Grund sein, dich innerlich dafür fertigzumachen, dass deine Wunschvorstellung, wie du sein möchtest, und die Realität nicht immer übereinstimmen.

Wie du in diesem Kapitel gesehen hast, sind nicht alle Vergleiche grundsätzlich schlecht. Sobald du in der Lage bist, selbst einzuschätzen, ob sich ein Vergleich mit einer anderen Person positiv oder negativ auf deinen Selbstwert auswirkt, wird es dir sehr viel leichter fallen, die destruktiven Vergleiche zukünftig sein zu lassen.

Wer anerkannt hat, dass er ist, wie er ist, bekommt eine besondere Aura. Warum sonst bewundern wir so oft Menschen, die sagen und tun, was sie wollen, ohne sich darum zu scheren, was die anderen über sie denken? Auch diese Personen vergleichen sich unbewusst und bewusst mit anderen, scheinen aber einen Weg gefunden zu haben, sich nicht unverhältnismäßig selbstkritisch gegenüberzustehen.

Und jeder kann dieser selbstsichere Mensch werden, den Vergleiche nicht schwächen, sondern stärken.

3.
Der Vergleich als Hinweisschild

Nachdem wir die Ursachen des Vergleichens und die verschiedenen Arten von Vergleichen beleuchtet haben, geht es in diesem Kapitel um dich und deine individuellen Vergleiche. Denn jeder Mensch vergleicht sich auf sehr unterschiedliche Arten und mit zum Teil ganz anderen Ergebnissen. Es lohnt sich, genau zu untersuchen, welche Vergleiche du anstellst, denn sie sind wie ein Hinweisschild und machen dich darauf aufmerksam, in welchen Bereichen deines Lebens du dich noch nicht selbstsicher genug fühlst.

Die fünf Säulen der Identität

Es kommt nicht selten vor, dass Klienten in Coachings von einer allgemeinen Unzufriedenheit berichten, deren Ursprung sie nicht benennen können. Es fallen dann Sätze wie »Ich habe das Gefühl festzustecken«, »Ich weiß nicht, warum ich unzufrieden bin« oder Eigentlich könnte alles so gut sein, aber irgendetwas stimmt nicht«.

Manchmal ist es schwierig festzustellen, wo der Keim der Unzufriedenheit oder Unsicherheit liegt. Gerade die Situationen, in denen es uns nicht so gut geht und in denen wir uns unsicher, klein oder schwach fühlen, sind prädestiniert für Vergleiche. Aus diesem Grund ist es hilfreich zu untersuchen, wo genau wir uns vergleichen, um herauszufinden, wo die Quelle unserer eigenen Unzufriedenheit liegt. Dazu arbeite ich mit einer Übung, die aus der systemischen Arbeit kommt. Sie nennt sich »Die Säulen deiner Identität« und wurde ursprünglich für therapeutische und diagnostische Zwecke von dem Psychologen Hilarion Gottfried Petzold entwickelt. Ich habe sie für meine Arbeit mit meinen Klientinnen und Klienten abgewandelt und arbeite seit Jahren sehr erfolgreich damit.

Um dir ein möglichst unverzerrtes Bild deines Vergleichsverhaltens zu ermöglichen, möchte ich alle Bereiche, in denen du dich vergleichen kannst, mit dir gemeinsam unter die Lupe nehmen. So kannst du erforschen, wie und woher dein Vergleichsverhalten kommt. Im Anschluss werden wir deiner aktuellen Lebenssituation einen Besuch abstatten, damit wir herausfinden, in welchem Umfeld du dich derzeit viel vergleichst und wo weniger.

Konkret werden wir folgende Kategorien betrachten:

- »Körper/Psyche« (Gesundheitszustand, körperliches Befinden, Aussehen, Sexualität, Belastbarkeit, Wohlbefinden),
- »Arbeit/Leistungsfähigkeit« (Aus-, Fort- und Weiterbildung, Beruf, Erfolg und Misserfolg, Freizeit, Zufriedenheit),
- »Soziale Beziehungen« (Partnerschaft, Freunde, Familie, Kollegen, Beziehungen),
- »Materielle Sicherheit« (Geld, Einkommen, Nahrung, Wohnen, Lebensstandard),
- »Werte/Normen« (Moral, Überzeugungen, Traditionen, Glaube, Lebensphilosophie).

Wir haben diese Kategorien bereits in der Übung »In welchen Bereichen vergleichst du dich besonders?« kennengelernt. Es handelt sich dabei um die fünf Säulen, auf denen unsere Identität ruht. In einer späteren Übung werden wir überprüfen, wie der Füllstand der einzelnen Säulen bei dir ist. Grundsätzlich gilt: Je mehr die Säulen »ausgefüllt« sind, desto größer ist das Wohlbefinden einer Person.

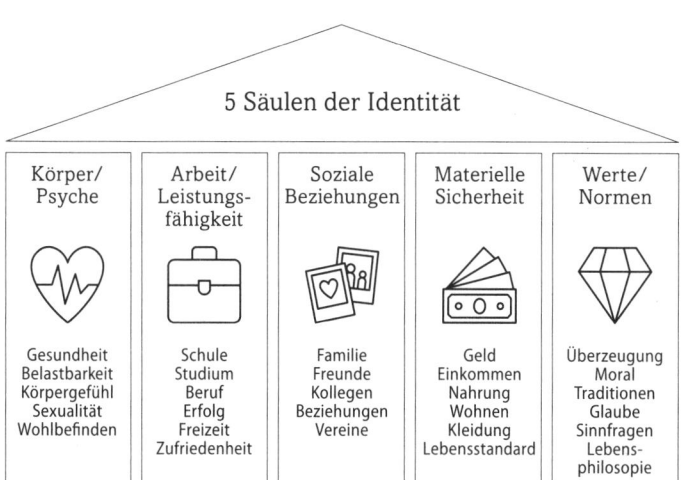

5 Säulen der Identität

Körper/ Psyche	Arbeit/ Leistungs- fähigkeit	Soziale Beziehungen	Materielle Sicherheit	Werte/ Normen
Gesundheit Belastbarkeit Körpergefühl Sexualität Wohlbefinden	Schule Studium Beruf Erfolg Freizeit Zufriedenheit	Familie Freunde Kollegen Beziehungen Vereine	Geld Einkommen Nahrung Wohnen Kleidung Lebensstandard	Überzeugung Moral Traditionen Glaube Sinnfragen Lebens- philosopie

Die fünf Säulen der Identität tragen das Dach, das für unsere Identität steht. Nun gibt es kaum einen Menschen auf der Welt, bei dem alles stets in bester Ordnung ist und alle fünf Säulen gleichermaßen »ausgefüllt« sind. Irgendwo hakt es doch eigentlich immer. Der Rücken schmerzt seit Wochen. Der Job nervt. In der Beziehung kriselt es. Die Wohnung wurde gekündigt. Oder man denkt darüber nach, wie lange man eigentlich noch in diesem Hamsterrad seine Runden drehen will. Alles kein Problem, solange es nur *eine* Säule betrifft – vier andere, die gut ausgefüllt sind, geben genug Stabilität. So schnell gerät unsere Identität nicht ins Wanken!

Was aber passiert, wenn mit einem Mal nicht nur eine Säule zum Problemfall wird, sondern mehrere betroffen sind?

Dann wird es knifflig. Oft hängen »Arbeit/Leistungsfähig-keit« und »Materielle Sicherheit« eng zusammen, aber auch »Werte/Normen« und »Beziehungen« sind miteinander verflochten, zum Beispiel, wenn eine Partnerschaft in einer echten Krise steckt. Dann hat man nicht nur mit dem akuten Herzschmerz zu tun, sondern muss sich häufig auch Sinn-fragen stellen: »Wie weit bin ich bereit, für eine Liebe zu ge-hen?«, »Wann ist es genug?«, »Kann ich mich noch weiter verbiegen? Oder breche ich irgendwann zusammen?« – und dergleichen mehr.

Es gibt außerdem den Fall, dass der Füllstand aller fünf Säulen niedrig ist. Spätestens dann, du kannst es dir denken, hat das Dach der Identität keine Grundlage mehr, weil die Säulen nicht mehr tragfähig sind. Wir haben das, was man im Volksmund lapidar »eine Identitätskrise« nennt. »Wer bin ich?«, »Was tue ich hier?«, »Wozu ist das gut?«, »Wieso muss ich das aushalten?«, »Ist es sinnvoll, was ich mache?«: Die Fragen eines Menschen in dieser Situation sind oft von elementarer Bedeutung.

● Die Säulen deiner Identität

Wie stabil sind deine Säulen der Identität? Wie sicher steht jede ein-zelne Säule? Ich möchte dich in der folgenden Übung darum bitten, in der Grafik die Füllstände deiner Säulen einzuzeichnen. Nimm dafür die aktuelle Situation, auch wenn du weißt, dass eine bestimmte Säu-le schon einmal anders »gefüllt« war. Wenn du beispielsweise gerade Single bist und dich nach einer Beziehung sehnst, könnte deine Säule »Beziehungen« weniger ausgefüllt sein, als sie es während deiner letzten Partnerschaft war. Grundsätzlich bedeutet ein hoher Füll-stand: »Ich bin da, wo ich sein will – alles ist gut und könnte nicht besser sein.« Ein niedriger Füllstand bedeutet dementsprechend, dass es noch Verbesserungsmöglichkeiten gibt oder du Defizite spürst.

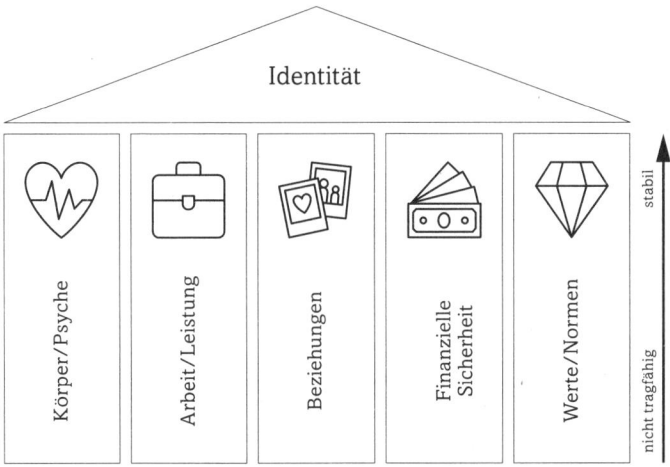

Damit es dir leichter fällt, eine Einschätzung abzugeben, gebe ich dir ein paar Fragen an die Hand, die dir helfen, deinen Füllstand zu bestimmen. Zeichne dort einen Querstrich in die Säule, wo dein individueller Füllstand ist, oder mal die Säule so weit aus, wie sie nach deinem Empfinden derzeit gefüllt ist.

Körper/Psyche

- Wie robust schätzt du deine Gesundheit ein?
- Wie fit bist du?
- Hast du ein gutes Körpergefühl?
- Bist du zufrieden mit deinem Äußeren?
- Fühlst du dich schön?
- Spürst du deine körperlichen Grenzen?
- Wie fühlt sich das Älterwerden für dich an?
- Wo gibt es Probleme oder den Wunsch nach Verbesserung?

Schreib deine Antworten auf, und vergegenwärtige dir dein derzeitiges Gefühl für deinen körperlichen Zustand.

_____

_____

_____

_____

Wenn du an die Säule Körper denkst und dir die Antworten der eben beantworteten Fragen vor Augen führst, wie geht es dir insgesamt mit deiner Säule Körper? Wie stabil und tragfähig empfindest du zum jetzigen Zeitpunkt deine Körpersäule?

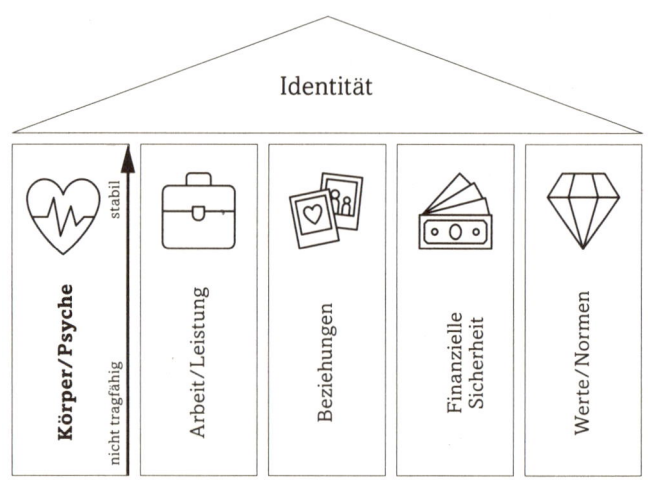

Was kann ich verändern?

Du hast die Fragen beantwortet und idealerweise deine Defizite herausgefunden. Nun kannst du dir konkrete Schritte überlegen, die dazu beitragen, deine Säule wiederaufzubauen.

Unterscheide dabei zunächst die Dinge, die du verändern kannst, von denen, die du nicht verändern kannst. Wenn du an einer Krankheit leidest, wird deine Körpersäule vermutlich nicht vollständig stabil sein. Du kannst dir zwar wünschen, wieder gesund zu werden, im Zweifel hast du jedoch wenig Einfluss darauf, wie lange der Genesungsprozess dauern wird.

Was du jedoch beeinflussen kannst, ist dein Gefühl. Es wird leichter, wenn du die Krankheit anerkennst. Du kannst auch in kleinen Schritten dafür sorgen, dass es dir trotz Erkrankung möglichst gut geht. Sorge für dich und deinen Körper und tu dir Gutes.

Mach dir eine Liste von den Maßnahmen und Verhaltensweisen, die deine Säule stabilisieren, und versehe sie mit einem Zeitplan. Du kannst deine geplanten Schritte auch in einen Kalender eintragen. Das, was du dir vorgenommen hast, bekommt dadurch eine größere Bedeutung. Du wirst durch das Terminieren daran erinnert, etwas für dich zu tun.

In einem weiteren Schritt überleg dir, wann du dich, was deinen Körper angeht, vergleichst. Ist es dein Aussehen, dein Styling, deine Fitness, deine Gesundheit, dein Wohlbefinden oder deine Sexualität?

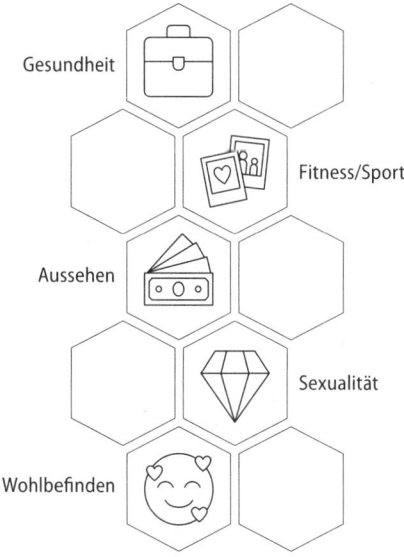

Füll die leeren Waben farbig so weit aus, wie du dich vergleichst. Ich wünsche mir, dass du einen Unterschied zwischen den fünf verschiedenen Waben erkennst und möglicherweise merkst, dass du dich nicht in allem gleichermaßen vergleichst.

Im letzten Schritt zu dieser Säule möchte ich dich darum bitten, dir deine Maßnahmen zur Stärkung noch einmal vorzunehmen und zu überlegen, wo dich Vergleiche anspornen und wo du dich lieber nicht mehr vergleichen möchtest.

Es gibt Menschen, die lieber in Begleitung joggen gehen. Sie können sich eher überwinden, wenn jemand mitgeht und sie einen Vergleich haben, wie schnell oder weit andere laufen. Es gibt aber auch Menschen, die lieber allein laufen. Überleg, was dir guttut und was du brauchst, um deine persönlichen Grenzen auszuloten.

Arbeit/Leistung

- Arbeitest du in deinem Wunschberuf?
- Hast du das Gefühl, dein volles Potenzial auszuschöpfen?
- Gehst du gern zur Arbeit?
- Welchen Stellenwert nimmt Arbeit in deinem Leben ein?
- Als wie erfolgreich würdest du dich einschätzen?
- Wie wichtig ist dir Leistung?
- Hast du alles erreicht, was du dir vorgenommen hast?
- Wie zufrieden macht dich deine Arbeit?
- Ist deine derzeitige Arbeit für dich sinnstiftend?
- Fühlst du dich herausgefordert?
- Wenn du an den Beginn deiner Berufstätigkeit denkst und die Motivation, die du damals hattest: Kannst du sie heute noch spüren?

Schreib deine Antworten auf, und vergegenwärtige dir dein derzeitiges Gefühl für deinen Zustand bei der Arbeit.

_____

_____

_____

_____

Wenn du an die Säule Arbeit/Leistung denkst und dir die Ergebnisse der eben beantworteten Fragen vor Augen führst, wie geht es dir insgesamt mit der Säule? Wie stabil und tragfähig empfindest du zum jetzigen Zeitpunkt deine Arbeitssäule?

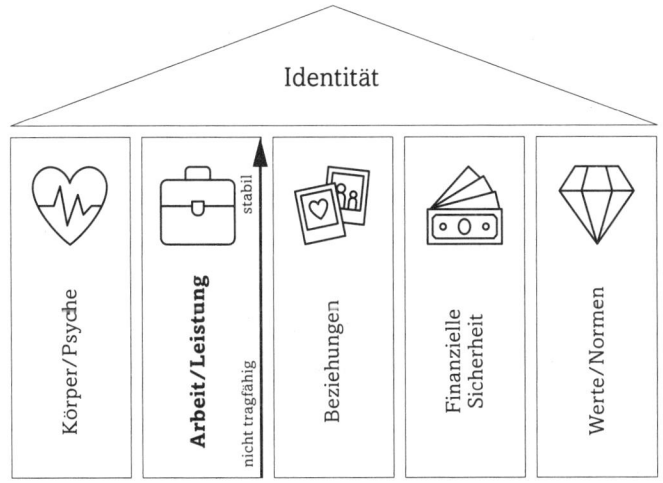

Was kann ich verändern?
Überleg im nächsten Schritt, was du verändern kannst, um die Säule zu stabilisieren. Was sind kleine, realistische und notwendige Schritte, damit deine Säule an Stabilität gewinnt?
Mach dir einen Zeitplan, bis wann du was verändern möchtest, und

trag die einzelnen Schritte in den Kalender ein. Hier könnte stehen: »Recherche für eine Weiterbildung«, »Mitarbeitergespräch führen«, »Neue Ziele definieren«, »Pausen einhalten« …

Überleg des Weiteren, wo und wie oft du dich in den verschiedenen Bereichen der Grafik vergleichst. Mal die Rechtecke im Vergleich zueinander so aus, dass du ein Bild davon hast, wie viel du dich in den verschiedenen Bereichen vergleichst oder verglichen hast (Schule, Ausbildung, Studium, Beruf, Erfolge, Zukunftspläne, Zufriedenheit).

Im letzten Schritt lies dir noch einmal die Maßnahmen aus deinen Notizen durch und entscheide, wo dir Vergleiche guttun und wo du sie nicht mehr möchtest und dich lieber auf dich selbst verlassen willst.

 Beziehungen

- Welche Beziehungen führst du?
- Welche geben dir besonders viel Sicherheit?
- Was bedeutet Liebe für dich?
- Wie geht es dir in deiner Partnerschaft oder Ehe?
- Wie fühlst du dich mit deinen Freunden?

- Wie geht es dir mit Kollegen und Kolleginnen?
- Wie sieht deine Beziehung zur Familie aus?
- Hast du viele Kontakte?
- Kannst du deine Bedürfnisse in deinen Beziehungen leben?
- Fühlst du dich angenommen und akzeptiert?

Schreib deine Antworten auf, und vergegenwärtige dir dein derzeitiges Gefühl für deinen Zustand in Beziehungen.

_____

_____

_____

_____

Wenn du an die Säule Beziehungen denkst und dir die Ergebnisse der eben beantworteten Fragen vor Augen führst, wie geht es dir insgesamt mit der Säule? Wie stabil und tragfähig empfindest du zum jetzigen Zeitpunkt deine Beziehungssäule?

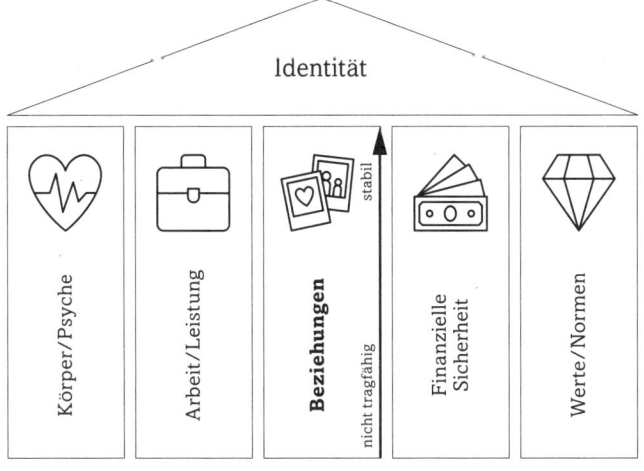

Was kann ich verändern?

Du hast dir ein Bild über den Füllstand deiner Beziehungssäule gemacht. Was kannst du verändern? Was sind notwendige Schritte, um die Säule tragfähiger zu machen?

Schreib dir konkret auf, was du tun kannst, um deine Beziehungen zu pflegen oder zu verändern. Notier auch, was dir nicht guttut.

Überdenke deinen Freundeskreis. Welche Beziehung ist wichtig für dich und gibt dir etwas? Willst du den einen oder anderen Kontakt reduzieren oder intensivieren?

Mach dir einen Zeitplan, und trag die Schritte in den Kalender ein. Das könnte sein: »Einen regelmäßigen Termin finden, um Freunde zu treffen«, »Häufiger die Eltern besuchen«, »Eine schwierige Partnerschaft bis zum Tag X aushalten und dann neu überdenken« …

Nimm dir als Nächstes die Grafik mit den Kreisen vor, und trag in die Kreise die relevanten Beziehungen und Kontakte deines aktuellen Lebens ein. Überleg, in welchen der Beziehungen du dich besonders vergleichst.

Füll die Punkte farbig so aus, dass du den Vergleich zwischen den unterschiedlichen Beziehungen herauslesen kannst. Etwa: »Mit meinem Bruder vergleiche ich mich wirklich viel. Mit meinem Kollegen dagegen sehr wenig.« Beim Bruder ist der Kreis dann farbig mehr gefüllt als beim Kollegen.

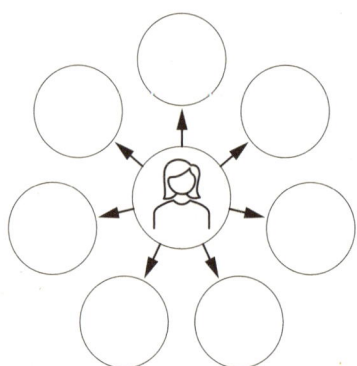

Nimm dir deine Aufzeichnungen von den oberen Fragen vor und überleg dir, in welchen Beziehungen du etwas an deinem Vergleichsverhalten ändern möchtest.

 Finanzielle Sicherheit

- Was brauchst du, um dich finanziell sicher zu fühlen?
- Musst du Geld ansparen, um dich sicher zu fühlen?
- Kommst du auch mit wenig Geld aus?
- Ist Besitz für dich einengend oder befreiend?
- Wie viel Geld müsstest du im Lotto gewinnen, um dich sicher zu fühlen?
- Was würdest du dir davon kaufen?

Schreib deine Antworten auf, und vergegenwärtige dir dein derzeitiges Gefühl für deine finanzielle Sicherheit.

_____

_____

_____

_____

Wenn du an die Säule »Finanzielle Sicherheit« denkst und dir die Ergebnisse der eben beantworteten Fragen vor Augen führst, wie geht es dir insgesamt mit der Säule? Wie stabil und tragfähig empfindest du zum jetzigen Zeitpunkt deine Sicherheitssäule?

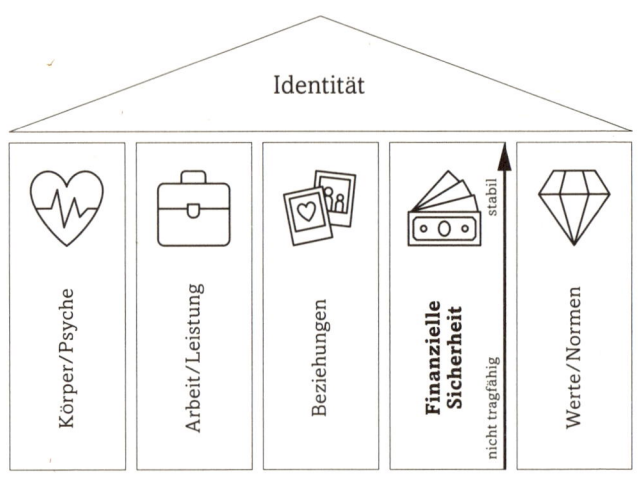

Was kann ich verändern?

Wenn du dir deine finanzielle Sicherheit anschaust, was brauchst du, um die Säule stabiler zu machen? Was müsste sich ändern, damit du dich finanziell sicher fühlst?

Überleg wieder, welche Umstände veränderbar sind und welche nicht. Dabei geht es nicht darum, dass der Aufwand sehr groß wäre, etwas zu verändern. Es geht um den realistischen Spielraum. Was kannst du beeinflussen, und worauf hast du keinen Einfluss?

Im nächsten Schritt überleg dir, was du gern verändern würdest und bis wann die Veränderung stattfinden soll. Trag dir Zeitpunkte in deinen Kalender ein und auch die Schritte, die du tun möchtest, um die Veränderung in Gang zu setzen.

Schau dir die Grafik der Pyramide an, und mal die Dreiecksfelder farbig aus, in denen du dich besonders häufig vergleichst. Du kannst auch andere Kategorien hinzufügen, in denen du dich vergleichst. Die Symbole in der Pyramide bedeuten (von links oben nach rechts unten): Verdienst/Gehalt, Ersparnisse, Besitz, Versicherungen, Status, Anerkennung.

Schau dir abschließend noch einmal in deinen Notizen an, was du gern verändern möchtest, und überleg dir, wie du dein Vergleichsverhalten ändern kannst.

◇ Werte/Normen

- Welche Werte sind dir wichtig?
- Nach welchen Normen lebst du?
- Schreib dir die Werte auf, die dir am wichtigsten sind. Welche zehn Werte lebst du tatsächlich? Du kannst auch Beruf und Privatleben trennen und die wichtigsten zehn für den Beruf und die wichtigsten zehn für das Privatleben notieren.
- Schau dir deine Werteliste an, und notiere für jeden einzelnen Wert, was er für dich bedeutet.

Schreib deine Antworten auf, und vergegenwärtige dir dein derzeitiges Gefühl für deine Werte.

_____

_____

_____

_____

Wenn du an die Säule Werte denkst und dir die Ereignisse der eben beantworteten Fragen vor Augen führst, wie geht es dir insgesamt mit der Säule? Wie stabil und tragfähig empfindest du zum jetzigen Zeitpunkt deine Wertesäule?

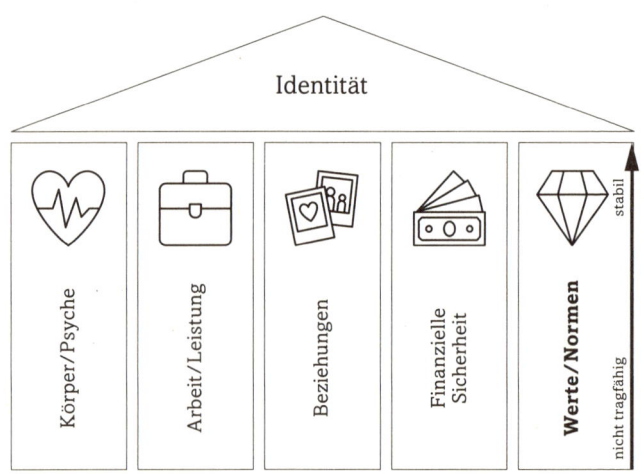

Was kann ich verändern?
Was darfst du verändern, um deinen Werten mehr Beachtung zu schenken? Gibt es eventuell alternative Bereiche wie Hobbys, in denen der ein oder andere Wert umsetzbar ist?

Welche Normen sind dir wichtig im Leben? Welchen möchtest du in Zukunft mehr Beachtung schenken?

Gestalte eine Wortwolke (Tagcloud) wie hier beispielhaft dargestellt mit den Werten, die du dir notiert hast.

Du kannst dir auch die folgende Werteliste durchlesen und deine spontan aufgeschriebenen Werte durch ein paar weitere ergänzen, die unbedingt noch dazumüssen:

Anmut Ausdauer Autonomie Achtung Aktivität Anerkennung Ausgeglichenheit Begeisterung Bildung Demokratie Dienen Distanz Disziplin Ehre Ehrlichkeit Einfachheit Einfluss Eleganz Einzigartigkeit Erfolg Erfüllung Exzellenz Fairness Familie Fantasie Freiheit Freude Freundschaft Frieden Fürsorglichkeit Gastlichkeit Gerechtigkeit Geschmack Geselligkeit Gesundheit Glaube Gleichheit Glück Gehobener Lebensstil Gute Laune Harmonie Heiterkeit Helfen Herausforderung

Herkunft Höflichkeit Humor Identität Individualismus
Innovation Jugendlichkeit Kreativität Klugheit Kompe-
tenz Lebendigkeit Lernen Liebe Macht Menschlichkeit
Mitgefühl Mut Nachsicht Nähe Natur Objektivität
Offenheit Ordnung Pflichtbewusstsein Pragmatismus
Pünktlichkeit Rechtmäßigkeit Redegewandtheit
Reichtum Respekt Ruhe Ruhm Sauberkeit Schönheit
Selbstständigkeit Selbstverwirklichung Sicherheit
Sparsamkeit Spaß Stärke Tatkraft Toleranz Treue Über-
legenheit Umweltschutz Unabhängigkeit Verantwortung
Vergnügen Vernunft Vertrauen Vitalität Wahrheit
Weisheit Weitblick Würde Zeitlosigkeit Zugehörigkeit

Nimm dir deine Liste noch einmal vor und überleg, in Hinblick auf welche Werte du dich vergleichst. Denk dabei an die Bedeutung der Werte, und stell dir die Frage, warum du dich gerade hinsichtlich dieses bestimmten Werts vergleichst. Was möchtest du in Zukunft gern ändern?

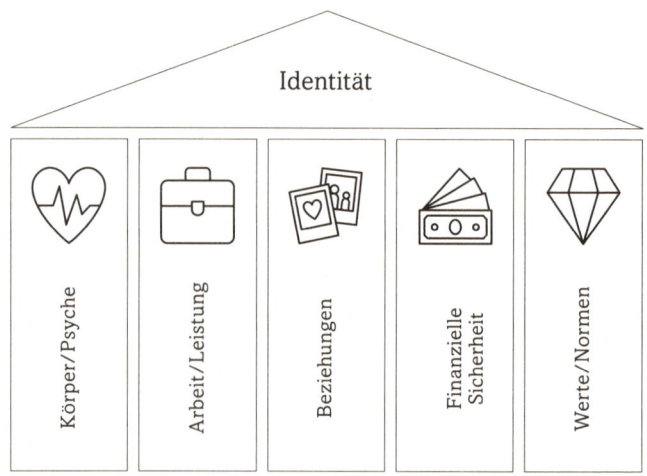

Übertrag nun die Ergebnisse der fünf Einzelübungen auf die fünf Säulen deiner Identität, sodass du den Füllstand aller Säulen im Überblick hast. Notier unter der jeweiligen Säule deine geplanten konkreten Schritte zur Veränderung, und entscheide dich für die momentan drei wichtigsten Dinge, die du als Erste in Angriff nehmen möchtest. Mach dir einen Zeitplan, und trag die Schritte, die dazu notwendig sind, in deinen Kalender ein.

Was brauchst du, um die Veränderung wirklich zu vollziehen?

Wenn dir das Leben in Zukunft übel mitspielt, können dir die Säulen deiner Identität helfen, dich auf die Bereiche deines Lebens zu konzentrieren, in denen du einen hohen Füllstand hast. Das lenkt den Fokus vom Mangel in die Fülle und stärkt dein Selbstvertrauen. Außerdem hilft es dir, dankbar zu bleiben und anzuerkennen, dass nicht alles schlecht ist. Gleichermaßen kann die Übung auch hilfreich sein, eine Krise anzuerkennen und festzustellen: »Ja, das ist gerade eine schwierige Zeit. Aber es wird mich nicht umhauen. Ich habe Ressourcen, auf die ich mich verlassen kann.« Probier es doch mal aus!

Vor einigen Jahren traf ich Silke. Ich hatte sie lange nicht mehr gesehen. Sie wirkte niedergeschlagen und traurig – ganz untypisch für eine lebenslustige und optimistische Frau wie sie. Wir kamen ins Gespräch, und sie erzählte mir, dass sie in Kürze ins Krankenhaus müsse, um einen auffälligen Lymphknoten zu entfernen.

»Das ist ja furchtbar«, sagte ich. »Wie lange wirst du im Krankenhaus bleiben müssen?« Ich wusste, dass sie als freie Grafikerin arbeitete. Jeder krankgeschriebene Tag bedeutete automatisch kein Einkommen.

»Ach, nur eine Woche. Aber die Auftragslage ist gerade so schlecht, dass es ohnehin keinen Unterschied macht, ob ich am Schreibtisch sitze oder nicht«, erklärte sie.

»Auweia! Läuft es wenigstens in deiner Beziehung gut?«, hakte ich nach.

Silke senkte den Blick. »Michael und ich haben uns letzten Herbst getrennt.«

»Mein lieber Mann«, dachte ich, »da kommt aber gerade alles auf einmal.« Als ich dann noch von ihr erfuhr, dass sie vor einigen Wochen einen fürchterlichen Streit mit ihrer Mutter gehabt hatte und seitdem zwischen ihnen Funkstille herrschte, wurde mir klar, dass Silke in einer handfesten Identitätskrise steckte. In vier Säulen war der Füllstand besorgniserregend niedrig – weder auf ihren Körper noch auf ihre Arbeit, ihr Einkommen oder ihre Partnerschaft war derzeit Verlass, und auch eine wichtige Beziehung in ihrem Leben war von der Krise betroffen. Kein Wunder, dass sie von Selbstzweifeln geplagt wurde und gerade kein Licht am Ende des Tunnels sah.

Ich sprach ihr Mut zu und hoffte inständig, dass sich ihre Situation wieder verbessern würde, bevor ihr Selbstwert ernsthaften Schaden nähme. Außerdem erzählte ich ihr von den »Fünf Säulen der Identität«: »Konzentrier dich auf das, was da ist – nicht auf das, was fehlt. Dann wird das schon wieder«, sagte ich zum Abschied zu ihr.

Monate später traf ich Silke wieder. Sie war wie ausgewechselt, ein ganz neuer Mensch. Ich fragte, wie es ihr seit unserem letzten Treffen ergangen sei, und sie berichtete: »Der Lymphknoten war vergrößert, aber gutartig. Mit meiner Mutter habe ich mich einige Zeit nach der Operation ausgesprochen. Außerdem hat mir eine Freundin dabei geholfen, mich beruflich umzuorientieren. Sie hat mir klargemacht, dass ich nicht mein Leben lang als Grafikerin arbeiten muss, vor allem dann nicht, wenn es nicht läuft.«

Ich staunte Bauklötze. »Und was machst du jetzt?«

Silke lachte. »Ich habe meine Ausbildung zur Yogalehrerin

endlich beendet und arbeite als freie Lehrerin in einem Studio um die Ecke.« Dann errötete sie. »In einem der Kurse habe ich auch Sven kennengelernt.«

Obwohl ich aus dem Staunen gar nicht mehr herauskam, fragte ich sie: »Wie hast du das denn gemacht? Dein Leben hat sich ja um 180 Grad gedreht – und zwar zum Guten.«

Sie nickte. »Ich habe mir über die ›Fünf Säulen der Identität‹ Gedanken gemacht. Da wurde mir klar, dass es zwei Dinge gibt, auf die ich verlässlich bauen kann, meinen Freundeskreis und meine Überzeugung, dass es immer einen Ausweg gibt. Meine alte Tante Lotti hat stets gesagt: ›Das Geheimnis von Erfolg ist, dass man immer einmal mehr aufsteht, als man hingefallen ist.‹ Und daran hab ich mich orientiert.«

Ich war begeistert. Silke hatte es aus eigener Kraft geschafft, sich auf das Positive zu konzentrieren und ihre Energie in diese Richtung zu lenken. Indem sie ihre Bemühungen auf die beiden Säulen »Beziehung« und »Werte/Normen« ausgerichtet hatte, kam sie Schritt für Schritt wieder auf die Beine und fand einen Ausweg aus ihrer Misere. Bewundernswert, findest du nicht auch?

Glaubenssätze

Du hast auf den letzten Seiten hoffentlich herausgefunden, in welchen Bereichen du dich besonders häufig vergleichst. Vermutlich geht es dir ähnlich wie vielen anderen Menschen: Die Vergleiche gehen für dich nicht immer gut aus. Manchmal nagt das nur ein wenig am eigenen Selbstwert, doch eine dauerhafte Abwertung der eigenen Person kann langfristig auch in eine handfeste Krise führen.

Damit wir zukünftig gelassener mit dem eigenen, meist viel zu strengen Urteil über uns selbst umgehen können, möchte ich erklären, weshalb unsere Vergleiche die Macht haben, derart explosiv in unserem Sein zu wirken. Wie wir im ersten Kapitel bereits gelernt haben, hängt der Ausgang eines Vergleichs immer vom individuellen Bewertungsrahmen ab. Erinnere dich an das Beispiel mit dem geschenkten Apfel von der Marktfrau, der dich erfreut, wenn du als einzige Kundin ein Geschenk erhältst, und dich verunsichert, wenn der Kunde nach dir drei Früchte gratis bekommt.

Wie entstehen diese individuellen Bewertungen? Ihr Ursprung liegt in den Erfahrungen, die wir im Laufe unseres Lebens gemacht haben, die sich in Glaubenssätzen in unserem Unterbewusstsein manifestieren. Von Glaubenssätzen hast du sicher schon gehört: Es sind innere Wahrheiten, die fest im eigenen Selbst- und Weltbild verankert sind, zum Beispiel »Nur schlanke Menschen sind schön« oder »Erst die Arbeit, dann das Vergnügen«, aber auch »Ich bin nichts wert«.

Diese Glaubenssätze wirken sich auf unsere Gedanken, unsere Gefühle und unser Verhalten aus. Da sie im Unterbewusstsein angesiedelt sind, wirken sie häufig vollkommen unbemerkt. Oftmals wissen wir noch nicht einmal, dass wir gerade dieses oder jenes denken, fühlen oder entscheiden und dabei von einem Glaubenssatz beeinflusst werden.

Vielleicht kennst du das Gefühl, immer funktionieren zu müssen. Du steckst in deinem Alltag, erledigst deine Aufgaben gewissenhaft und merkst mit der Zeit, dass du eine Pause gebrauchen könntest. Aber du hast einen Spruch deiner Eltern im Ohr, die jahrelang zu dir oder vielleicht auch nur zu sich selbst »Reiß dich zusammen!«, »Ein bisschen geht noch!« oder auch »Du musst fertig werden!« gesagt oder dir vorgelebt haben.

Vergleiche als Hinweisschilder

In den vorangegangenen Übungen hast du deine Vergleiche bereits auf die Kategorie, die Richtung und ihre Auswirkung untersucht und dabei sicher ein Muster erkannt.

Erkennst du einen Glaubenssatz, der hinter den Vergleichen stehen könnte? Wenn deine Vergleiche beispielsweise häufig mit deinem Körper und deinem Äußeren zu tun haben, ist es denkbar, dass irgendwo in deinen Hirnwindungen ein diesbezüglicher Glaubenssatz sein Unwesen treibt. Möglicherweise fallen dir Sätze ein, die deine Eltern manchmal gesagt haben. Überleg dir auch, was dir deine Bezugspersonen vorgelebt haben, etwa »Nur in einem gesunden Körper wohnt ein gesunder Geist«, »Ich bin nicht schön« oder »Erst wenn ich schlank bin, werde ich geliebt«?

Manchmal ist ein Hinweis auf einen unbewusst gespeicherten Glaubenssatz auch in dem zu finden, was uns antreibt. Was motiviert uns, jede Kalorie zu zählen, um unser Wunschgewicht zu halten? Warum ist es so wichtig für uns? Was bringt uns dazu, unser Gewicht mit dem anderer zu vergleichen? Welches Schönheitsideal haben deine Bezugspersonen?

Eltern, Lehrer oder andere Bezugspersonen, die uns geprägt haben, meinen es häufig nicht böse mit diesen direkt oder indirekt ausgedrückten Thesen, die uns, vor allem als Kinder, jedoch in Fleisch und Blut übergehen.

Glaubenssätze können leistungssteigernd oder -hemmend sein. Ein und derselbe Glaubenssatz wirkt je nach Ausprägung vollkommen anders in uns. »Reiß dich zusammen!« kann also motivierend wirken, zugleich aber dafür sorgen, dass wir unsere Grenzen nicht erkennen und keine Pausen einlegen.

Silke aus dem Beispiel weiter oben hat sich das Lebensmotto ihrer alten Tante einverleibt: »Das Geheimnis von Erfolg ist, dass man immer einmal mehr aufsteht, als man hingefallen ist.« Es ist ein Glaubenssatz, der Silke in der Krise half und sie stärkte. Denn alle Glaubenssätze haben eines gemeinsam: Sie beeinflussen das eigene Gefühl – manchmal sogar so weit, dass wir unsere Bedürfnisse komplett ignorieren. Das Ergebnis: Wir nehmen den Glaubenssatz ernster als uns selbst. Und das kann auch kontraproduktiv sein. Stell dir vor, was passiert wäre, wenn Silkes unterbewusster Glaubenssatz »Nur die Harten kommen in den Garten« oder »Ich bin ein Unglücksrabe und verdiene kein Glück« gewesen wäre.

Glaubenssätze sucht man sich nicht aus. Man hört sie einfach immer wieder, so oft, dass man irgendwann an sie glaubt, ohne sie infrage zu stellen. Auch wenn unsere Eltern die Glaubenssätze oder »Lebensmottos« niemals formulieren, aber vorleben, beeinflussen sie uns – denn wie du ja weißt, lernen Kinder über die Nachahmung.

Mit etwas Glück kommt irgendwann im Leben der Punkt, an dem wir an anderen bemerken oder beobachten, dass Menschen auch gut ohne den Glaubenssatz leben können, der uns so manipuliert. Häufig sind das Situationen, in denen wir uns über andere ärgern, weil die sich etwas gönnen, was wir uns verwehren. Das kann für uns ein wichtiger Indikator dafür sein, dass wir denjenigen für ihr Verhalten im Grunde beneiden.

Wenn es dir gelingt, deine Gefühle zu analysieren und den Glaubenssatz dahinter aufzuspüren, machst du einen großen Schritt in Richtung Befreiung. Deine Selbsterkenntnis ermöglicht es dir, den Blick wieder auf dich selbst zu richten und an deiner eigenen Situation etwas zu verändern.

Wir erkennen Glaubenssätze auch, wenn wir im Leben immer wieder an dieselben Punkte stoßen, an denen wir wie blockiert sind. Wenn ich in meinen Beratungen auf das Thema stoße, erlebe ich oft, dass meine Klienten ihre Glaubenssätze erbittert verteidigen. Bei vielen Menschen sind die Sätze, egal ob sie fördernd oder limitierend wirken, so in Fleisch und Blut übergegangen, dass sie sich voll und ganz damit identifizieren. Die Glaubenssätze sind so etwas wie der Ursprung ihrer guten Eigenschaften.

Nehmen wir zum Beispiel den Glaubenssatz »Ich muss für andere da sein«. Ich höre häufig von Klienten: »Ich *möchte* für andere da sein. Sonst würde ich mich egoistisch fühlen. Es ist ein Teil von mir, anderen Menschen etwas zu geben. Ich möchte nicht darauf verzichten, denn das hat mich zu dem gemacht, der ich heute bin.«

Das ist ein sehr wichtiger Aspekt: Es soll nicht darum gehen, dich selbst vollkommen neu zu erfinden und alle Glaubenssätze und guten Eigenschaften über Bord zu werfen. Sie sind Bestandteil deiner Identität! Ich wünsche mir vielmehr für dich, dass du ein gesundes Maß findest, Ausprägungen nachjustierst und damit dein Wohlbefinden förderst. Dann kannst du deinen Glaubenssatz anerkennen und wertschätzen und bist du deiner eigenen Stärken und Grenzen ein Stück bewusster geworden.

Du kannst zu jeder Zeit selbst entscheiden, welchen Glaubenssatz du loswerden, welchen du lediglich justieren oder in Gänze behalten willst.

● Glaubenssätze umprogrammieren

Welche Glaubenssätze aus deiner Kindheit fallen dir spontan ein? Gibt es Sätze in deinem inneren Ohr? Wie etwa:

- Reiß dich zusammen!
- Aus dir wird nie etwas!
- Das kannst du besser!
- Denk immer erst an die anderen!
- Beeil dich!
- Sei stark!
- Ein Indianer kennt keinen Schmerz!

Sätze wie diese werden von uns gespeichert und bestimmen unser Verhalten. Überleg dir, welche Glaubenssätze in dir wirken und zu deinem Verhalten geführt haben.

Schreib die drei wichtigsten Sätze, die dir immer wieder begegnen, auf ein Blatt.

Beschreib konkrete Situationen, in denen die Glaubenssätze wirken, und dein Verhalten, das von ihnen beeinflusst wird.

Im nächsten Schritt kannst du auflisten, was dir dein Glaubenssatz im Leben ermöglicht hat. Was ist das Gute daran?

Liste danach auf, wo und inwiefern dich der Satz behindert hat. Was ist das Schlechte daran?

Überleg dir im Anschluss, welche Gedanken stattdessen hilfreicher wären. Entwickle einen Satz, der das belastende Verhaltensmuster in ein hilfreiches umwandelt. Der Satz sollte starten mit »Ich darf«. Ziel ist, dass dieser »Erlauber-Satz« zu deinem persönlichen Mantra wird, zum Beispiel:

- Reiß dich zusammen! → Ich darf Pausen machen. Ich darf in meinem Tempo arbeiten. Ich darf ängstlich sein.
- Aus dir wird nie etwas! → Ich darf meinen eigenen Weg gehen.

Ich darf anders sein als die anderen. Ich darf aus der Reihe tanzen.

- Das kannst du besser! → Ich darf auch nur 80 Prozent geben. Ich darf Fehler machen. Ich darf nicht perfekt sein.
- Denk immer erst an die anderen! → Ich darf meine Bedürfnisse berücksichtigen. Ich darf erst an mich denken. Ich darf Grenzen ziehen.

Hast du deinen »Ich-darf-Satz« gefunden, versetz dich gedanklich in die Situation hinein, in der er dir helfen könnte. Stell dir vor, was du dir erlaubst, und beobachte deinen Körper. Nimmst du eine Veränderung an deiner Haltung, deiner Spannung, deinem körperlichen Wohlbefinden wahr, wenn du dir den Erlauber-Satz vorsagst?

Wenn ich diese Übung in meinen Sitzungen anleite, beobachte ich bei manchen Menschen, dass sie tiefer atmen. Häufig ist es ein Ausatmen, das dem Körper zu entspannen hilft. Mancher setzt sich anders hin oder richtet sich auf, wenn er sich den Erlauber-Satz vor Augen führt. Wieder andere beschreiben eine Entspannung im Bauch oder Nackenbereich. Häufig geschieht allein durch die Konzentration weg vom blockierenden Glaubenssatz hin zum Erlauber-Satz eine Körperreaktion in Richtung Entspannung. Einigen Menschen helfen auch Symbole bei der Verinnerlichung des Erlauber-Satzes. Ich frage manchmal, ob jemandem in Verbindung mit dem neuen Körpergefühl in Gedanken an den Erlauber-Satz ein passendes Symbol einfällt.
Eine meiner Klientinnen hatte beruflich einen sehr außergewöhnlichen Weg eingeschlagen. Sie studierte zunächst Jura und interessierte sich wirklich für das Fach, später jedoch eröffnete sie eine kleine Bar. Nun kam sie aus einem akademischen familiären Umfeld, in dem Leistung und Wissen

zählten. Eine Bar zu betreiben wurde nicht als ernst zu nehmender Beruf betrachtet, und sie hatte stets das Gefühl, beruflich nichts »Ordentliches« zu machen. Sie fühlte sich in ihrem Familien- und Bekanntenkreis wie eine Außenseiterin. Das ging so weit, dass sie das Gefühl hatte, sogar als Person nicht ernst genommen zu werden.

Wir untersuchten erst einmal, ob sie selbst auch dem Glaubenssatz unterlag, nichts »Ordentliches« zu machen und weniger wert zu sein. Als sie das aufgelöst und sich selbst die Erlaubnis ausgesprochen hatte, ihren Beruf als »echt« und richtig anzuerkennen, richtete sie sich sofort auf. Ihr ganzer Gesichtsausdruck veränderte sich, sie war mit ihrem Erlauber-Satz plötzlich sogar stolz auf das, was sie tat. Ich fragte sie nach einem Symbol, und sie hatte sogleich einen Pfau vor Augen. Der stand für sie für den Stolz, den sie endlich empfinden konnte, und auch für etwas Außergewöhnliches. Es symbolisierte für sie den »bunten Hund«, der sich traut, anders zu sein, einen anderen und eigenen Weg einzuschlagen – und aufzufallen.

In einer späteren Sitzung erzählte sie mir, dass sie sich in einem Modeschmuckladen einen Pfau als Kettenanhänger gekauft hatte und diesen immer dann trug, wenn sie der alte Glaubenssatz wieder einholte. Der Pfau half, ihr Programm im Kopf neu zu schreiben und den alten Glaubenssatz aufzulösen.

● In Symbolen denken

Vielleicht findest auch du ein Symbol für deinen neuen Erlauber-Satz. Du kannst ihn dir in Form einer Postkarte, eines Bildes oder eines Aufdrucks zulegen und dazu nutzen, von deinem hindernden Glaubenssatz in den Erlauber-Satz zu wechseln. Gefühle und Körperwahrnehmungen können dir dabei helfen.

Nehmen wir beispielhaft den Satz »Streng dich an!«. Hier könnte im ersten Schritt, bei dem es darum geht, das Gute des Glaubenssatzes herauszuarbeiten, stehen:

> Ich kann viel leisten. Ich schaffe viel. Ich kann mit gutem Gewissen sagen, dass ich alles gegeben habe.

Im zweiten Schritt, bei dem du herausfinden willst, wie dich der Satz blockiert, könnte in etwa stehen:

> Ich bin ständig im Tun. Ich bin selten locker. Ich bin streng mit mir selbst. Es fällt mir schwer loszulassen.

Im dritten Schritt, bei dem es um den Erlauber-Satz geht, könnte Folgendes stehen:

> Ich darf abwarten und Dinge sich entwickeln lassen und darf darauf vertrauen, dass manches von selbst geschieht. Locker und leicht!

Wenn du deinen Körper mit dem neuen Satz vor Augen wahrnimmst, verändert sich etwas an deinem Gefühl, deiner Haltung, deiner Atmung, deiner Anspannung? Fällt dir ein passendes Symbol für deinen neuen Zustand ein?

Hast du deinen Erlauber-Satz und vielleicht sogar noch ein Symbol dafür gefunden, wird es dir zunehmend leichter fallen, ihn dir in bestimmten Situationen ins Gedächtnis zu rufen. Wenn du das ein paarmal gemacht hast, verliert der alte Glaubenssatz seine Kraft, und du verinnerlichst deinen Erlauber-Satz. Mach dir immer wieder bewusst, dass dein Glaubenssatz auch positive Seiten hat, wenn er so ausgeprägt ist, dass er dich nicht zu viel Kraft kostet. Erkenn ihn vollständig an, und versöhn dich mit deinem Glaubenssatz, denn er ist und bleibt ein wichtiger Teil von dir.

Abschließend denk an einen deiner Glaubenssätze und an die Person, von der du ihn vermutlich gelernt hast. Stell dir vor, dass *du* nun für dich das Maß aller Dinge bist. Du bestimmst, was und wie viel du für dich brauchst.

Stell dich der Person gedanklich gegenüber. Weiß der andere wirklich besser, wie du sein musst? Wenn du dein eigenes Gefühl wahrnimmst und wertschätzt, wird dir auffallen, wie absurd es ist, sich von einem anderen sagen zu lassen, wie man zu sein hat. Denn jeder denkt, fühlt und handelt anders.

Glaubenssätze sind schlüpfrige kleine Dinger, die einem nur zu gern durch die Finger flutschen, kaum glaubt man, sie gefasst zu kriegen. Bei den meisten Menschen genügt es nicht, sich ein einziges Mal mit Glaubenssätzen zu beschäftigen, es ist vielmehr ein langsamer, stetiger Prozess.

Im Folgenden stelle ich dir eine weitere Methode zur Verfügung, mit der du deinen Glaubenssätzen auf die Spur kommen kannst. Ich habe die Übung im Rahmen meiner Coaching-Ausbildung kennengelernt und für dich umgeschrieben und angepasst. Sie ist angelehnt an Byron Katies »The Work«.[12] Mit ihrer Hilfe kannst du die Glaubenssätze auflösen, die du herausgearbeitet hast.

Die Amerikanerin Byron Katie hat eine beeindruckende Methode entwickelt, wie wir Glaubenssätze in unserem Inneren aufspüren und auflösen. Die Methode fußt auf der Überzeugung, dass alle schlechten Gefühle, die durch andere Menschen oder Umstände ausgelöst werden, allein in unserem Kopf entstehen. Unsere Bewertungen sorgen dafür, dass wir Ereignisse als schlecht, ärgerlich oder enttäuschend wahrnehmen. Das birgt ein großes Potenzial zur Veränderung – denn wenn die Ursache für meine schlechten Gefühle in meinem Kopf liegen, kann ich sie ja beeinflussen.

Die Methode funktioniert in kleinen, unbedeutenden Situationen wie auch bei echten Krisen, die dein weiteres Leben beeinflussen. Idealerweise fängst du jedoch mit einem kleinen Problem an, denn wie jede Verhaltensveränderung braucht auch das Auflösen von Glaubenssätzen eines: Zeit und Wiederholung.

Am besten erkläre ich dir an einem alltäglichen Beispiel, wie die Methode anzuwenden ist. Stell dir Tanja und Tobi vor. Sie sind seit Kurzem zusammen und recht verliebt. Eines Tages fragt Tanja, ob sie das Wochenende gemeinsam wegfahren wollen – ein erster Ausflug als Pärchen! Aber Tobi sagt ihr ab. Er will lieber mit seinen Kumpels zu einem Fußballspiel. Tanja ist gefrustet. Was ist das für ein Typ? Meint er es wirklich ernst mit ihr? Wie viel bedeutet sie ihm, wenn er ihretwegen nicht mal ein Fußballspiel absagen kann?

Sie ist enttäuscht und wird »zickig«. Dabei wäre sie gern eine coole, entspannte Freundin, die Tobi ein schönes Wochenende wünscht und andere Pläne mit einer Freundin macht. Sie ärgert sich über sich.

Tanja probiert die fünf elementaren Fragen aus der nachfolgenden Übung aus und formuliert im ersten Schritt ihre Wahrnehmung:

> Ich bin traurig, enttäuscht und verunsichert.

In diesem ersten Schritt ist es wichtig, nur die eigenen Gefühle zu formulieren – nicht, was der Auslöser für diese Gefühle ist. Diesen formulierst du in einem zweiten Schritt. Beschreib ohne Schuldzuweisungen und Vorwürfe – benenne lediglich die Tatsachen und Fakten. In Tanjas Fall:

Tobi hat unser romantisches Wochenende zugunsten eines Fußballspiels abgesagt.

Nun kommen die fünf elementaren Fragen, mit denen du deine Wahrnehmung und Gefühle überprüfst. Sie lauten:

1. Ist es wahr? (Hier untersuchst du nur die Wahrnehmung aus Schritt zwei.)
2. Wie reagierst du auf deine Wahrnehmung? (Hier untersuchst du nur deine Gefühle und Gedanken aus Schritt eins.)
3. Kannst du mit einhundertprozentiger Sicherheit sagen, dass jeder Mensch so auf das reagieren würde, was passiert ist, wie du?
4. Welcher Mensch wärst du ohne diese Gefühle und Gedanken?
5. Gibt es einen Grund, an deinen Gedanken und deinen Gefühlen festzuhalten?

Tanja beantwortet die fünf Fragen folgendermaßen:

1. Ist es wahr? Hat Tobi das romantische Wochenende zugunsten eines Fußballspiels abgesagt? – *Ja, es ist wahr! Er möchte lieber auf das Spiel, als mit mir wegzufahren.*
2. Wie geht es dir, wenn du diesen Glaubenssatz/Gedanken glaubst? – *Ich bin traurig, enttäuscht und verunsichert.*
3. Kannst du mit einhundertprozentiger Sicherheit sagen, dass jeder Mensch so auf das reagieren würde, was passiert ist, wie du? – *Nein – ich weiß, es gibt Menschen, die locker mit so etwas umgehen.*
4. Welcher Mensch wärst du ohne diese Gefühle und Gedanken? – *Ich wäre vermutlich eine wesentlich entspanntere Freundin und würde mir nicht gleich Gedanken darüber*

machen, ob Tobi überhaupt mit mir zusammen sein will. Wahrscheinlich würde ich ihm gönnen, dass er ein Wochenende mit seinen Jungs verbringt, und mich über die Zeit für mich freuen.

5. Gibt es einen Grund, an deinen Gedanken und deinen Gefühlen festzuhalten? – *Nein. Ich kann Tobi ja im Grunde verstehen – und dass er auf das Fußballspiel gehen will, heißt nicht, dass er mich nicht sehen möchte.*

Du siehst: Einzig Tanjas Bewertung von Tobis Entscheidung hat dazu geführt, dass sie sich fürchterlich fühlte. Mit einem neuen Mindset und anderen Gefühlen kann sie konstruktiv auf Tobis Wunsch reagieren. Sie kann sich ein großartiges Wochenende mit einer Freundin machen oder mit aufs Spiel gehen. Dasselbe kannst du auch mal versuchen!

In vielen Situationen des täglichen Lebens entscheiden wir nicht nach unseren Bedürfnissen, sondern lassen die unterbewussten Glaubenssätze entscheiden. Bestimmt kennst du das beim Essen. Dein Magen und dein Appetit verraten dir, dass eine leckere Portion Nudeln mit Tomatensoße heute genau das Richtige wäre. In deinem Kopf meldet sich aber sofort das Mantra: »Kohlenhydrate machen dick. Iss lieber einen Salat!« Also entscheidest du dich für den Salat, der dich weder satt macht noch zufriedenstellt.
Ich weiß, was du jetzt sagen willst. »Wenn ich immer meinem inneren Schweinehund nachgebe, gehe ich nie mehr zum Sport und esse nur noch Pizza!« Aber darum geht es nicht. Es geht nicht darum, jeder Versuchung nachzugeben, sondern individuell und situativ zu entscheiden, was hier und in diesem Moment gut und richtig für dich ist. Vielleicht hast du Lust auf einen kleinen Spaziergang nach der Arbeit? Dann lauf doch einfach zwei Stationen bis zur U-Bahn, und

fahr den Rest. Oder du bist eigentlich verabredet, merkst aber, dass es dir heute zu viel ist? Es ist okay, diesem Impuls nachzugeben und dem anderen einen alternativen Termin vorzuschlagen.

Ich möchte dich mit der folgenden Übung dazu ermutigen, häufiger nach deinen eigenen Bedürfnissen zu fragen und ihnen Raum zu geben. Denn ich bin der festen Überzeugung, dass nur, wer sich selbst kennt und wertschätzt, ein ausgeglichener und zufriedener Mensch sein kann. Darüber hinaus wirst du, wenn du auch nur einen Tag lang deiner inneren Stimme Gehör verschaffst, von ganz allein eine Vielzahl von Glaubenssätzen bemerken, die in deinem Inneren wirken.

● Bedürfnisse spüren

Such dir einen Tag aus, an dem du dich in jeder Situation fragst, was du gerade brauchst und wie du deinen Bedürfnissen nachgeben kannst.

Das fängt schon morgens im Bett an: *Wie fühle ich mich heute? Wie habe ich geschlafen? Was will ich frühstücken? Was ziehe ich heute an? Wonach ist mir?*

Auch den Weg zur Arbeit kannst du durch die Brille deiner Bedürfnisse betrachten: *Will ich heute ein anderes Verkehrsmittel nutzen? Oder einen Umweg fahren?*

So geht das weiter: *Was will ich in der Mittagspause machen? Was möchte ich essen – unabhängig vom Angebot der Kantine? Mit wem will ich mich unterhalten? Oder will ich allein sitzen?*

Auch am Nachmittag und Abend stehen nur deine Bedürfnisse im Mittelpunkt: *Was will ich tun? Was tut mir gut? Möchte ich jemanden anrufen, den ich schon lange nicht mehr gesprochen habe? Früh ins Bett gehen? Oder etwas erleben?*

Es sind kleine Schritte, aber sie helfen dir, nach und nach zu erkennen, was wichtig und gut für dich ist. Darüber hinaus weitest du langsam, aber sicher die Grenzen deiner Komfortzone aus, weil du Dinge tust, die du normalerweise vielleicht nicht tust, und eventuell sogar den ein oder anderen damit vor den Kopf stößt.

Wenn du die kleinen Schritte so weit geübt hast, dass du dich wohl dabei fühlst, kannst du dich noch weiter aus deiner Komfortzone wagen. Gibt es etwas in deinem Leben, was du unbedingt mal machen wolltest, dich aber nie getraut hast? Vor Menschen sprechen? Kollegen zum Abendessen zu dir einladen? Dich für einen Tanzkurs anmelden? Möglicherweise ärgert dich auch dein Geiz, und du wärst gern spendabler?

Wünsche sind nichts anderes als innere Bedürfnisse, und sie wollen beantwortet werden. Allein deine Gedanken halten dich davon ab, sie in die Realität umzusetzen. Da du aber gelernt hast, jeden Tag ein bisschen aus deiner Komfortzone herauszukommen, kannst du dich nun auch den größeren Wünschen stellen: Melde dich für einen Vortrag oder eine Präsentation an – freiwillig. Bring etwas Selbstzubereitetes mit auf die Arbeit, und lass die anderen probieren. Lade dir eine Salsa-Playlist herunter, und fang zu Hause damit an, erste Tanzschritte zu machen. Lade eine wildfremde Person auf einen Kaffee ein – oder spende zehn Euro für einen guten Zweck.

Du wirst merken, dass es dir sehr bald leichter fallen wird, den Gedanken zuzulassen, deinen Wunsch in die Wirklichkeit umzusetzen. Du kannst üben, wer du sein möchtest – und wenn du kleine Schritte machst, ist das oft leichter, als das Ziel auf einmal zu erreichen.

Im vergangenen Kapitel hast du festgestellt, dass Glaubenssätze die Grundlage deiner Vergleiche sind. Jeder Vergleich darf von dir deswegen voller Dankbarkeit anerkannt werden – denn er weist dich auf einen Glaubenssatz hin, der in deinem Inneren wirkt. Meistens sind es Defizite in einem bestimmten Bereich oder Thema, die wir noch nicht bearbeitet oder gelöst haben. Das Gute ist: Wenn du anfängst, deine Glaubenssätze zu bearbeiten, werden die Vergleiche von ganz allein weniger. Du wirst feststellen, dass du für dich das Maß aller Dinge bist, denn nur du allein weißt, was du brauchst, um zufrieden zu sein.

4.
Ich bin das Maß
aller Dinge

In den vergangenen Kapiteln habe ich den Vergleich von verschiedenen Seiten beleuchtet. Du hast erkannt, dass Vergleiche gute und schlechte Auswirkungen haben können, jedoch immer ein Hinweisschild für dich sind. Sie zeigen dir auf, welche Glaubenssätze in dir wirken – manche davon sind förderlich, andere eher hindernd.

Ich habe auf den letzten Seiten schon einige Male über dich als Maß aller Dinge gesprochen. Das ist ein zentraler Punkt meiner Überzeugung: dass jeder Mensch das Maß seiner Dinge ist. Wie du lernen kannst, mehr auf dich und weniger auf die anderen zu hören und die hinderlichen Vergleiche mit der Welt, die dich umgibt, einzustellen, ist Inhalt des folgenden Kapitels.

Das kleine Wörtchen »man«

Zunächst einmal richten wir unsere Aufmerksamkeit auf Normen und Regeln, die ebenfalls hervorragend für Vergleiche herangezogen werden können, die uns vor allem schaden. Sicher hast du diesen Satz schon einmal gehört oder ausgesprochen: »Das macht man nicht.« Oder auch: »Das gehört sich nicht.« Was meinen wir eigentlich damit? Immer dann, wenn wir von einem unbestimmten »man«

sprechen – oder denken –, meinen wir die gängigen Konventionen oder die Norm. Zum Beispiel kleidet *man* sich für ein feines Abendessen anders als zum Waldspaziergang. Als gebildeter Mensch liest *man* Zeitung. *Man* trinkt auf Festen Alkohol. Es gibt unendlich viele Beispiele für das, was *man* so alles macht. Dieses »man« scheint für eine Allgemeinheit zu stehen und wird in der Erziehung, in der Schule, unter Freunden und Kollegen, aber natürlich auch in Partnerschaften sehr häufig verwendet. Es ist fester Bestandteil unseres Sprachgebrauchs – und oft Streitpunkt.

Eine Klientin berichtete mir einmal sehr entrüstet, ihre Kollegin mache beim Essen immer so laute Geräusche. Sie schmatze zwar nicht, aber man höre sie kauen. Bereits das Auspacken des Brotes aus dem Papier machte meine Klientin aggressiv. »Ich arbeite in einem Großraumbüro«, echauffierte sie sich während unserer Sitzung, »und da gibt es bestimmte Regeln, an die man sich halten muss.«

Ich gab mich naiv. »Hängen diese Regeln denn irgendwo aus?«

»Nein! Die sind unausgesprochen.«

»Welche Regeln meinen Sie denn?«

Sie sah mich empört an. »So laut essen, dass es die anderen stört, ist falsch! Man nimmt Rücksicht auf sein Umfeld.«

»Ach so. Welche Regeln gibt es noch?«, hakte ich nach.

Sie überlegte kurz. »Man räumt seinen Schreibtisch abends auf. Und bringt die Kaffeetasse weg. Außerdem telefoniert man nicht so laut, damit die anderen sich weiter auf ihre Arbeit konzentrieren können.«

Ich notierte mir, was sie gesagt hatte. »Wer hat Ihnen diese Regeln beigebracht?«

Sie lächelte. »Na, das sind doch selbstverständliche Dinge. Das macht man eben so. Das weiß doch jeder!«

Ich nickte wieder. »Und gelten diese Regeln für alle?«

Erstaunt sah sie mich an. »Wie meinen Sie das?«

Ich zuckte mit den Schultern. »Na ja, haben alle Menschen, die Sie kennen, diese Regeln gelernt?«

Meine Klientin war verunsichert und zögerte. »Also, vermutlich nicht genau dieselben Regeln. Aber ich gehe davon aus, dass alle Eltern ihren Kindern beibringen, wie man sich zu verhalten hat. Und vieles bekommt man im Lauf des Lebens ja auch so mit!«

»Unbedingt«, sagte ich. »Glauben Sie aber, dass es dieselben Regeln sind, die Ihre Eltern oder zum Beispiel meine Eltern uns beiden beigebracht haben?«

Sie schwieg. Natürlich war ihr sehr bewusst, dass in jeder Familie andere Schwerpunkte in der Erziehung gesetzt und Werte vermittelt werden. Je nach Sozialisation halten wir demnach unterschiedliche Dinge für »richtig« oder »falsch«. Für die einen ist es eine absolute Unsitte, die Ellenbogen beim Essen auf den Tisch abzustützen, die anderen verurteilen es aufs Schärfste, wenn man sich nicht ordentlich bedankt oder unpünktlich irgendwo erscheint – was wiederum in anderen Gemeinschaften, Familien oder Umfeldern entspannter gesehen wird.

Dennoch ging meine Klientin davon aus, dass ihre sehr individuellen, eigenen Regeln von der Kollegin, die vermutlich eine ganz andere Erziehung genossen hatte und anders sozialisiert war, befolgt werden sollten. Sie blieb das ganze Gespräch über ernst und schilderte mir echtes Entsetzen über die andere Frau in ihrem Büro – bis hin zu aggressiven Gefühlen und extremer innerer Anspannung, unter der sie litt. Sie ging wie selbstverständlich davon aus, dass alle Menschen das Thema »Rücksicht nehmen auf andere« so definierten wie sie.

Das kleine Wörtchen »man« half ihr dabei, sich vor mir und sich selbst zu rechtfertigen: In einem Großraumbüro nimmt *man* Rücksicht auf andere. Wer laut isst, nimmt keine Rücksicht – und verhält sich demnach asozial. Sie beschrieb mir ihre Situation, als würde jeder Mensch in ihrer Lage genauso reagieren. Weil *man,* also die Allgemeinheit, sich in ihren Augen genauso verhielt.

Das Problem ist, dass die Allgemeinheit, die scheinbar hinter diesem »man« steht, in Wahrheit gar keine einheitliche Meinung vertritt. Meistens gibt es nämlich verschiedene Gruppen, die unterschiedliche Meinungen zum selben Thema haben. Für den einen ist es in Ordnung, im legeren Look zum feinen Essen zu gehen; für den anderen gehört der feine Zwirn zu einem schicken Restaurantbesuch dazu. Es kommt also darauf an, wem ich gerade begegne und mit wem ich darüber spreche. Oder welcher Subkultur ich angehöre.

Fakt ist: Das »man« steht für eine im Grunde uneinige Allgemeinheit. Dennoch wird es oft als schlagendes Argument herangezogen. Dieses »man« scheint mir deshalb hinterfragungswürdig. Wer ist denn dieses »man« wirklich? Hat es mehr recht als ich, nur weil es suggeriert, es würden sich viele dahinter verbergen? Ist es wirklich richtiger? Oder stärker?

Ich spreche das Thema an, weil ich glaube, dass dieses »man« Druck ausübt. Es fordert hinterrücks zu einem Vergleich auf, bei dem der Einzelne gar nicht erkennt, womit er sich genau vergleichen soll. Es ist ein Vergleich mit einer diffusen Mehrheit, von der behauptet wird, ihre Maßstäbe seien allgemeingültig und ihnen müsste deshalb entsprochen werden. Dieser Vergleich fühlt sich schwammig, nicht greifbar und dennoch sehr real an.

Richten wir uns nach den Regeln, an die *man* sich hält, passen wir uns einer Allgemeinheit an. Das ist im Großen und Ganzen in Ordnung, denn in jeder Gesellschaft gibt es einen Konsens über Regeln, deren Einhaltung für das friedliche

Miteinander wichtig sind. Allerdings gibt es einen Unterschied zwischen Regeln wie »Man soll niemanden töten« oder »Man soll seinen Müll nicht auf die Straße werfen« und andererseits »Man soll im Großraumbüro nicht lautstark Pausenbrot essen«.

Ich selbst habe mit dem Wörtchen »man« beim Thema »Alkohol« unliebsame Bekanntschaft gemacht. Ich trinke nämlich keinen. Doch immer wieder komme ich auf Festen oder Abendessen in einen Rechtfertigungszwang, der mich ziemlich unter Druck setzt. Wiederholt musste ich mir anhören, dass zum Feiern der Genuss von Alkohol einfach dazugehört. Ich kann den Grundgedanken nachvollziehen, und für andere kann ich das ohne Probleme so stehen lassen. Es kamen aber von manchen Menschen noch weitere Schlussfolgerungen, die mich persönlich verletzten, zum Beispiel: »Wenn du beim Feiern keinen Alkohol trinkst, bist du eine Spaßbremse.« Ich musste mir das von Leuten sagen lassen, die noch nie zuvor mit mir gefeiert hatten. Sie konnten gar nicht wissen, ob ich aus ihrer Sicht »locker lassen« und Spaß haben kann oder nicht. An dem »Man trinkt Alkohol beim Feiern« hing also die Schlussfolgerung dran, dass *man* (also auch ich) eine Spaßbremse ist, wenn man nichts trinkt. Für mich war das teilweise eine unerträgliche Situation. *Man* möchte schließlich nicht unangenehm auffallen. *Man* möchte vielleicht auch nicht zum Gesprächsthema werden, und erst recht möchte *man* nicht als Spaßbremse gelten. Umgekehrt erwarte ich von keinem, der ein Glas Rotwein genießt, eine Rechtfertigung dafür. Ich würde niemanden jemals fragen, warum er Alkohol konsumiert. Ich denke, das ist Privatsache. Ich möchte auch kein Urteil darüber fällen, wie andere zu feiern haben. Aber es ist ungerecht und beleidigend, als Spaßbremse bezeichnet zu werden.

Nachdem mir das nicht nur einmal, sondern häufiger passierte, war ich nach einiger Zeit wirklich verunsichert. Ich stellte mir die Frage, ob ich tatsächlich eine Langweilerin und Spaßbremse sei, anderen vielleicht sogar den schönen Abend durch meine Abstinenz versaue. Ich fühlte diese Allgemeinheit und überlegte, ob ihre Wahrnehmung richtiger war als meine eigene. Meine Verunsicherung ging so weit, dass ich mir Gläser in die Hand drücken ließ, um sie dann an meinen Mann weiterzureichen oder sie irgendwo stehen zu lassen, damit ich mich nicht rechtfertigen musste. Oder ich überlegte mir Ausreden wie zum Beispiel, dass ich mit dem Auto da sei. Wobei das für viele kein echter Grund ist, nichts zu trinken. In schwachen Momenten sagte ich sogar das eine oder andere Essen oder Fest ab, da ich keine Lust hatte, mich wieder zu rechtfertigen. Es gab Anlässe wie Junggesellinnenabschiede, bei denen ich nicht drum herumkam, darüber zu sprechen, dass ich keinen Alkohol trinke.

Doch irgendwann wurde mir bewusst, wie absurd es war, dass ich mich unter Druck fühlte. Wenn jemand anderes sagt, dass er kein Fleisch isst, folgt in den meisten Fällen keine Verurteilung wie »Du bist eine echte Spaßbremse; der ganze Grillabend ist im Eimer, weil du kein Fleisch isst«. Als Vegetarierin würde ich mir niemals ein Alibi-Würstchen in die Hand drücken lassen, um der Diskussion aus dem Weg zu gehen. Oder eine Zigarette als Nichtraucherin. Ich würde mich auch nicht rechtfertigen, wenn ich als Nicht-Autobesitzerin mit begeisterten Autofahrern in einer Runde zusammenkäme. Ich würde einfach sagen: »Ich habe kein Auto, weil ich es nicht will und nicht brauche.« Punkt. Warum also veranstaltete ich beim Alkohol ein solches Theater und ließ mich immer wieder durch die Kommentare meines Umfelds verunsichern?

Ich übte den Satz vor dem Spiegel. »Für mich kein Glas Sekt, danke.« Und: »Ich trinke keinen Alkohol.« Dabei stellte ich mich aufrecht hin und sah mir selbst fest in die Augen.

Bald darauf stand die nächste Feier an. Ich war ein bisschen aufgeregt, als es dann aber losging und die Weingläser die Runde machten, verkündete ich mit klarer Stimme: »Ich nehme ein Wasser.«

Mein Sitznachbar drehte sich verwundert zu mir um. »Musst du etwa fahren?«

Ich lächelte. »Nein. Ich trinke keinen Alkohol.«

»Gar keinen?«

»Nein, gar keinen.«

»Da verpasst du aber was!«, lachte mein Sitznachbar.

Ich lächelte. »Bis jetzt nicht.« Dann drehte ich mich weg und sprach mit jemand anderem. Bums. Aus. Ende. Keine weitere Diskussion. Keine Rechtfertigung, dass ich auch ohne Alkohol Spaß haben könne. Keine Erklärung, dass mir Alkohol nicht schmecke. Keine Lüge, dass ich am Morgen mit Kopfschmerzen aufgewacht sei und lieber nüchtern bliebe. Ich erklärte das Thema einfach für beendet.

Und siehe da: Niemand sprach mich im Verlauf des Abends drauf an. Das Thema war schlicht und ergreifend vom Tisch. Seit diesem Tag fällt es mir leichter, offen auszusprechen, dass ich nichts trinke. Das war es lange Zeit nicht. Es war ein Prozess, in dem ich mich nach und nach traute, zu mir zu stehen – beinah automatisch wurde ich dadurch sicherer. Manchmal rutscht mir auch heute noch trotzig heraus, dass auch ich in der Lage bin, Spaß zu haben und zu feiern. Ich habe jedoch die Erfahrung gemacht, dass eine klare innere Einstellung hilft, diese auch zu vertreten. Je entschiedener und ruhiger ich bin, desto weniger fordern andere Erklärungen dafür – und desto weniger hat ein Vergleich die Macht, mich zu verunsichern.

Im Grunde wissen wir nicht, wofür das »man« steht, das die Allgemeinheit symbolisieren soll. Wir machen das, was *man* so macht, damit wir keinen Druck spüren. Damit wir nicht auffallen, nicht aus der Reihe tanzen oder uns nicht rechtfertigen müssen. Oder weil wir uns entscheiden, dass wir zum Beispiel zu denjenigen gehören wollen, die sich schön machen für das feine Essen oder ein Glas Sekt zum Empfang trinken. Was da sonst noch dazugehört, sehen wir nicht.

Es ist wieder eine Perspektive durch ein Schlüsselloch. Wir sehen nur einen kleinen Teil der ganzen Wahrheit. Vielleicht ist die Gruppe, die so sehr das »man« in einer bestimmten Sache verteidigt, in einer anderen Sache komplett anderer Meinung wie wir. Oder es gibt noch weitere Schlussfolgerungen, die mit dem »man« verbunden sind, mit denen wir ganz und gar nicht einverstanden wären.

Obwohl wir als intelligente Wesen reflektieren können und in der Lage sind, neue Perspektiven einzunehmen, stecken wir manchmal in unserer Sichtweise fest. Unsere Gefühle – im Beispiel eben die Wut über lautes Essverhalten der Kollegin – blockieren eine objektive, klare Sichtweise. Wir sind abgelenkt von der Emotion und können die Situation nicht abstrahieren oder aus einer gesunden Entfernung betrachten. Das Gefühl und der fehlende Abstand machen uns blind für Blicke nach rechts oder links. Wir tragen sprichwörtlich Scheuklappen und befinden uns im Tunnel. Das kann so weit führen, dass wir ohne fremde Hilfe keine neutrale Sichtweise mehr einnehmen können.

Es dauerte eine Weile, bis ich im Beispiel meiner Klientin gemeinsam mit ihr erarbeitet hatte, was sie in Wahrheit so wütend machte. Wir fanden in Gesprächen heraus, dass sie selbst sehr streng mit sich war und sich selten erlaubte, Pausen zu machen. Niemals wäre sie auf die Idee gekommen, sich während der regulären Arbeitszeit gemütlich ein Brot einzuverleiben!

Doch schließlich konnte sie zugeben, dass sie die in aller Ruhe speisende Kollegin beneidete, weil sie es sich gut gehen ließ, während meine Klientin selbst durcharbeitete. Hinter dem Ärger steckte ein unerfülltes Bedürfnis. Es war in ihrem Fall das Bedürfnis nach Pausen. Die Einsicht, dass ihr Ärger vor allem mit ihr selbst zu tun hatte, half ihr, die negativen Gefühle der Kollegin gegenüber zu verstehen und letztendlich auch aufzulösen.

● Scheuklappen runter

Ärger, Wut oder Trauer sind starke Gefühle. Sie sind ein Hinweis darauf, dass dein Gleichgewicht gestört wurde. Also deute sie als Signal, und fang an zu forschen!

Ich möchte dich darum bitten, in jeder Situation, in der du Wut oder Trauer anderen gegenüber verspürst, kurz innezuhalten, bevor du die anderen damit konfrontierst.

Der erste Schritt ist die Wahrnehmung. Frag dich selbst, warum du dieses Gefühl verspürst. Kannst du es benennen?

Mach dir im nächsten Schritt klar, dass du dich anders verhalten würdest, weil du nach anderen Vorstellungen lebst. Du funktionierst auf eine andere Art. Denn du bist du – und niemand anders. Genauso gilt das aber auch für dein Gegenüber.

Im weiteren Verlauf mach dir bewusst, dass es keinen Menschen auf der Welt gibt, der *genauso* denkt und fühlt wie du. Jeder hat andere Dinge gelernt und andere Erfahrungen im Leben gemacht. Würdest du von anderen verlangen, sich genau wie du zu verhalten, müsstest du erwarten, dass der andere ebenso fühlt wie du – und das ist nicht möglich.

Ist es dir aufgefallen? Indem du nicht blind reagierst und deinen Gefühlen jeden Raum gibst, sondern sie reflektierst und untersuchst, nimmst du bereits eine Scheuklappe ab. Du lässt dich nicht allein von deinem Gefühl beherrschen.

Im nächsten Schritt nimmst du die zweite Scheuklappe ab, indem du deine Aufmerksamkeit auf deine nicht erfüllten Bedürfnisse richtest. Vermutlich liegt hinter deiner Wut oder Trauer ein eigenes unerfülltes Bedürfnis. Überleg mal, welches Bedürfnis das sein könnte.

Im letzten Schritt kannst du dir Gedanken darüber machen, wie du dir das Bedürfnis erfüllen kannst beziehungsweise wie du seiner Erfüllung einen Schritt näher kommst.

Exkurs: »Richtiges« und »falsches« Verhalten

Wenn wir über unsere Vergleiche mit anderen sprechen, reden wir auch immer über Erwartungen, die wir an andere richten. Wir alle haben eine Vorstellung davon, welches Verhalten in einer bestimmten Situation angemessen ist. Erkennen können wir die Erwartungen häufig an dem unpersönlichen »man«.

In meiner Beratungspraxis höre ich immer wieder, wie *man* sich zu verhalten hat und wie *man* etwas machen muss, damit es »richtig« ist. Aber auch, was *man* nicht machen soll und was *man* für falsch hält. Schon im Sprachgebrauch ist das »man« ein Hinweis darauf, dass jemand eine bestimmte Vorstellung von richtigem oder falschem Verhalten hat.

Bei Beziehungsproblemen schildern mir Klienten oft, was *man* nicht und was *man* ja wohl erwarten dürfe. Es gibt also eine Vorstellung davon, wie man sich richtig und wie man sich falsch verhält. Wäre sich die Menschheit darüber tatsächlich einig, wären viele Probleme auf einen Schlag gelöst. Um das zu ermöglichen (du kannst dir denken, bei fast acht Milliarden

Menschen unterschiedlichster Kulturkreise, Überzeugungen und Religionen keine einfache Aufgabe), müssten wir uns auf einen Kanon von festen Werten und Normen einigen. Jeder müsste die gleiche Sichtweise in der gleichen Situation einnehmen. Dem stehen unsere Erfahrungen, unser individueller Werdegang sowie unsere persönlichen Überzeugungen im Weg. Auch die Bedürfnisse von Menschen sind sehr unterschiedlich. In jeder Situation unseres Lebens, in der wir auf andere Menschen treffen, vergleichen wir unsere Maßstäbe mit denen der anderen und bewerten sie.

Doch in dem Moment, in dem wir aufhören zu vergleichen, hören wir auch auf zu bewerten. Wir sehen dann lediglich Unterschiede. Kategorien wie »richtiges« und »falsches« Verhalten werden damit aufgelöst. Wenngleich es keine leichte Sache ist, andere so stehen zu lassen, wie sie sind, ist es dennoch eine Befreiung.

Gerade in Paarberatungen wird das oft deutlich. Wenn zum Beispiel einer der Partner freiheitsliebend ist und der andere nicht, gehen die Bedürfnisse im Zweifel auseinander. Erschwerend kommt hinzu, was genau man unter »freiheitsliebend« versteht. Schon die Definition fällt von Mensch zu Mensch sehr unterschiedlich aus. So kann der eine Partner das Gefühl haben, er lasse dem anderen sehr viel Freiraum. Im Verständnis des anderen aber ist das viel zu wenig. Er hat das Gefühl, eingeengt zu werden. Welche Definition die richtige ist, wird sich nie festlegen lassen, da jeder für seine Definition plausible Gründe nennen kann. Wir können jeden aus seiner Perspektive verstehen, dennoch können wir nicht von »richtig« oder »falsch« sprechen.

Eines der häufigsten Probleme in Beziehungen ist die Erwartung, der andere möge sich verändern. Allerdings genügt es nicht, dass der Partner sich *irgendwie* verändert: Er soll sich möglichst so verändern, wie wir das für richtig und gut halten. Deshalb lautet einer meiner häufigsten Sätze in Paarberatungen: »Wir können uns wünschen, der andere möge sich verändern. Leider haben wir aber keine Fernbedienung, mit der wir unser Wunschprogramm beim Partner einstellen können.« Im Grunde wissen wir es alle, dennoch schleicht sich der Veränderungsversuch des Partners in alltäglichen Situationen automatisch ein.

So schilderte mir ein Paar, dass sie oft nicht einverstanden seien mit der Art und Weise, wie der jeweils andere die anstehenden Aufgaben erledige. Die Frau beschwerte sich, dass ihr Mann die Wäsche »falsch« aufhänge. Sie würde es dann lieber gleich selbst machen, denn so gehe das für sie überhaupt nicht. Der Mann sah das ganz anders. Er meinte, seine Frau sei viel zu penibel und unentspannt und die Wäsche würde wunderbar trocknen, wenn er sie aufhänge. Er hatte das Gefühl, ihr nichts recht machen zu können. Am Ende hatte einfach jeder einen anderen Anspruch, weil jedem andere Dinge wichtig waren. Als Außenstehende können wir uns nun entweder auf eine Seite schlagen, weil uns das Verhalten der einen Person näher ist als das der anderen. Oder wir stellen fest, dass es jeder anders macht, keiner aber »richtiger« oder »falscher« liegt.

Auf das Leben übertragen, ist das womöglich eine bittere Pille. Denn wir müssen Verantwortung übernehmen. Es gibt niemanden, den wir beschuldigen können. Wir müssen das Verhalten des anderen akzeptieren und ihn so machen lassen, wie er es für richtig hält. Mehr noch, wir schauen dabei zu, obwohl wir es selbst anders machen würden. Das fordert neben Akzeptanz auch Gelassenheit und den Prozess des Loslassens. Ich finde es immer wieder erstaunlich, wie viel wir an so kleinen Dingen im Alltag lernen können.

● Erwartungen loslassen

Überleg dir Situationen, in denen du mit dem Verhalten anderer nicht einverstanden bist. Notier sie, und such dir zunächst die Situation aus, die dich am meisten nervt oder mit der du dich immer wieder konfrontiert siehst.

Überleg dir, was du am anderen gern anders hättest. Was sind deine Gründe dafür, dass dein Verhalten »richtiger« ist?

Mach dir klar: Deine Gründe sind aus deinen Erfahrungen entstanden. Es sind gute Gründe, aber es sind *deine* Gründe. Schätze sie wert!

Schau im nächsten Schritt auf den anderen. Genau wie du hat auch er gute Gründe für seine Art, etwas zu tun. Stell die zwei verschiedenen Verhaltensweisen nebeneinander, und male gedanklich je einen Rahmen um dein Verhalten und das des anderen. Die Rahmen sind die guten Gründe. Sie sind bei beiden gleich wichtig. Die Rahmen sehen gleich aus, doch sie sind vollkommen unterschiedlich. Beide sind gleichwertig – nicht besser, nicht schlechter.

Nimm dieses Bild mit in den Alltag. Solltest du das nächste Mal in eine Situation kommen, in der dich ein Verhalten nervt oder aufregt, mach dir bewusst: Unsere Verhaltensweisen sind gleichwertig.

Im nächsten Schritt lass deine Vorstellung davon los, wie dein Gegenüber Dinge zu machen hat. Vertrau darauf, dass er es kann!

Häufig machen wir den Fehler, davon auszugehen, dass die anderen genauso funktionieren wie wir. Es ist Teil der Natur des Menschen, dass wir denken, unsere Perspektiven und Annahmen seien richtig, während die anderen falschliegen. Es hat mit unserem Selbstvertrauen und Selbstverständnis zu tun und ist wichtig für uns. Würden wir nämlich andauernd infrage stellen müssen, ob unsere Gedanken, Gefühle oder Entscheidungen richtig sind, wären wir sehr verunsichert und kaum handlungsfähig.

Dass unsere Perspektive nicht für alle gilt, liegt auf der Hand. Ich denke dabei gern an die sorgenvolle Mutter, die selbst friert und davon ausgeht, ihr Kind friere auch – weshalb sie ihm eine Mütze oder eine dicke Jacke anzieht. Sie kann sich nicht vorstellen, dass es ihrem Kind warm genug ist, wenn es ihr selbst zu kalt ist. Diese Art des Gleichsetzens gilt nicht nur für Gefühle und Körperempfindungen, sondern auch in Bezug auf das Thema »Vergleiche«.

● »Ich« statt »man«

Achte in nächster Zeit darauf, wann du das Wort »man« hörst oder selbst benutzt. Wenn du es von anderen hörst, überleg dir genau, wer damit gemeint ist, und frag gegebenenfalls noch mal nach. In deinem eigenen Sprachgebrauch kannst du das »man« durch ein »ich« ersetzen. Es fühlt sich zu Beginn ungewohnt an, da alles, was wir in Ich-Form sagen, verbindlicher und zwingender klingt. Wir gehen durch das »ich« mit 100 Prozent in die Verantwortung. Probier aus, welchen Unterschied es für dich macht, und entscheide, ob du in Zukunft auf das »man« ganz verzichten möchtest.

Jeder Mensch ist einzigartig

Ich gebe zu, das ist nun wirklich keine große Neuigkeit. Und dennoch ist es wichtig, diese Erkenntnis zu wiederholen. Genau genommen kann der Satz gar nicht oft genug gesagt werden: Jeder Mensch ist einzigartig.
Das erkennt man sehr leicht an einem Beispiel, das du sicher

kennst. Stell dir vor, du triffst Freunde wieder, nachdem sie aus dem Urlaub zurückgekehrt sind. Sie schwärmen von der Schönheit der Natur, der Freundlichkeit der Menschen, dem wahnsinnig tollen Essen – und der Wein! Mein Gott, der Wein. Einfach unglaublich! Da du sowieso noch eine Woche Urlaub dieses Jahr hast und nicht wusstest, wo du hinfahren sollst, fällt die Begeisterung deiner Freunde bei dir auf fruchtbaren Boden. Kurzerhand buchst du eine Woche in demselben Hotel, in dem sie vor Kurzem residierten, und freust dich, bald genauso über diese großartige Destination schwärmen zu können.

Aber … es kommt alles anders. Das Hotel hat in deinen Augen die besten Jahre schon hinter sich, der Service ist unaufmerksam, das Essen am ersten Abend lauwarm. Nun hast du nicht das Gefühl, gleich abreisen zu müssen – allerdings wartest du vergeblich auf die großen Gefühle, die deine Freunde aus dem Urlaub mit nach Hause gebracht hatten. Anstelle eines beeindruckenden Panoramas fällt dir auf, dass die Strandpromenade ganz schön verbaut ist, und der Verkehr in dieser Stadt: Schlimm! Tag für Tag unternimmst du etwas, betreibst Sightseeing, gehst in Museen, besuchst Restaurants … Doch die restlose Begeisterung deiner Freunde will sich einfach nicht einstellen. Du fährst enttäuscht zurück nach Deutschland und fragst dich, was mit deinen Freunden eigentlich nicht stimmt. Oder was bei dir nicht in Ordnung ist, weil du offenbar viel zu hohe Ansprüche hast. Richtig?

Es gibt eine wirklich einfache Antwort auf die Fragen: Wirklichkeit wird immer subjektiv wahrgenommen. Aus den Augen eines frischverliebten Paares ist der Sonnenuntergang einfach traumhaft. Ein Paar, das sich den ganzen Urlaub in den Haaren liegt und der Abreise entgegenfiebert, wird von dem unglaublichen Panorama vermutlich gar nicht viel mitbekommen. Genauso verhält es sich bei allem anderen auch. Warum mag der eine Tomaten, der andere nicht? Und warum schmeckt der mitgebrachte Wein aus dem Urlaub zu Hause *immer* anders? Weil jede Situation, in der wir uns befinden, einzigartig ist – genau wie der Mensch, der sie erlebt.

Es kann sogar vorkommen, dass man selbst nicht mehr in der Lage ist, die überwältigenden Gefühle oder Wahrnehmungen vom ersten Mal zu reproduzieren. Das habe ich bereits selbst erlebt. Da ich viele Jahre als Tangolehrerin arbeitete, hatte ich immer den großen Traum, nach Argentinien zu reisen und in Buenos Aires Tango zu tanzen. Irgendwann beschloss ich, mir diesen Traum zu erfüllen. Ich buchte ein Ticket und flog auf die andere Seite der Welt – und hatte die beste Zeit meines Lebens. Jede Nacht tanzte ich auf den Milongas, besuchte Workshops, lernte wunderbare Menschen kennen, verliebte mich in die Stadt, die Atmosphäre und den Lebensstil der Argentinier. Am liebsten wäre ich gar nicht mehr weggegangen! Mein Herz war deswegen schwer, als ich nach einigen Wochen wieder ins Flugzeug steigen musste. Zu Hause buchte ich nach wenigen Wochen gleich wieder einen Flug für einige Monate später: Ich konnte Buenos Aires einfach nicht vergessen! Diese Stimmung, die Leichtigkeit, der Tango …
Als ich Monate später, im August, wieder nach Argentinien kam, war ich vollkommen verblüfft, wie viel anders sich mir die Stadt und die Menschen präsentierten. Mittlerweile war der Winter eingezogen – es war grau und regnete den ganzen Tag. Die Milongas waren zum Teil nur an wenigen Tagen in der Woche geöffnet, die Stimmung war komplett anders. Ich war enttäuscht! Da hatte ich so viel Geld für ein Ticket und eine Unterkunft ausgegeben, um meinen Traumaufenthalt noch einmal zu verlängern und neu aufleben zu lassen. Und dann das!

Es dauerte eine Weile, bis ich verstand, dass man schöne Erinnerungen nicht einfach so nachahmen kann – und dass meine hohen Erwartungen verhinderten, dass ich Buenos Aires im Winter genießen konnte. Das Gefühl vom ersten Mal hat sich nicht mehr einstellen wollen.

Was ich in Argentinien erlebte, bemerke ich immer wieder bei meinen Klienten in den Gesprächen. Sie beenden funktionierende, glückliche Beziehungen, weil ihnen »irgendetwas fehlt«, was sie aus einer anderen Partnerschaft vermissen. Sie idealisieren die vergangene Liebe nicht nur, sie stellen auch noch den mehr als unfairen Vergleich zur aktuellen Beziehung an – wobei die Gegenwart dabei nur verlieren kann. Das Vorbild ist so groß, und die Erwartungen, wie man sich fühlt, sind derart gewaltig, dass der momentane Partner zwangsläufig den Kürzeren zieht. Denn gegen eine wunderschöne Vergangenheit und traumhafte Erinnerung hat man keine Chance.

Häufig blenden wir nicht nur die Dinge aus, die damals nicht gut liefen, wir vergessen auch, in welcher Lebenssituation wir damals steckten und in welcher wir uns heute befinden. Wenn ich an meine Lebensumstände bei meinen zwei Argentinien-Aufenthalten denke, ist es klar, dass es mir beim ersten Mal in Buenos Aires besser gefiel als beim zweiten: Ich kam gerade frisch aus einer langjährigen Beziehung und hatte das Gefühl, die Welt läge mir zu Füßen. Ich fühlte mich selbstbestimmt und frei – ganz anders als drei Monate später. Da spürte ich keine unendliche Freiheit mehr, sondern zuweilen Einsamkeit und Trauer, weil ich etwas verloren hatte, was mir sehr lieb gewesen war. Ich bin mir sicher, du erkennst den Unterschied.

Aus demselben Grund fühlt es sich auch anders an, wenn man dreißig Jahre später wieder in ein Modell des Autos steigt, mit dem man fahren gelernt hat. Auch tragen wir Kleider, die wir auf dem Markt eines tollen Urlaubsortes gekauft haben, oft nie mehr zu Hause. Denn: Wir entwickeln uns weiter. Die Umgebung ist eine andere, wir sind anders. Wir können uns noch an das Gefühl von damals erinnern, es jedoch einfach zu reproduzieren gelingt in den seltensten Fällen.

Wenn wir es schaffen, das erste Auto, den bombastischen toskanischen Wein oder das bunte Sommerkleid als eine Art Erinnerungsticket zu begreifen, das uns einlädt, in Gedanken noch einmal an den Ort oder in die Situation zu reisen, in der wir uns auf eine bestimmte Art und Weise gefühlt haben, können wir die Dinge wertschätzen und gleichzeitig anerkennen, dass wir nicht mehr dieselbe Person wie vor drei Jahrzehnten, fünf Jahren oder zwei Minuten sind.

Wer versteht, dass wir uns bei den oben genannten Beispielen vor allem nach dem Gefühl sehnen, das wir damals empfunden haben, tritt aus der Abhängigkeit der Dinge oder Orte heraus und kann aktiv Einfluss auf seinen Gemütszustand nehmen. Ich bin mir sicher, dass ich Buenos Aires heute noch einmal ganz anders wahrnehmen würde als vor fünfzehn Jahren. Dort auf eine Wiederholung meiner damaligen Gefühle zu hoffen wäre absurd. Darüber hinaus würde ich irgendwann gar nicht mehr in der Lage sein, dieselben Emotionen zu generieren – was vor allem mit dem menschlichen Belohnungszentrum im Gehirn zu tun hat.

Exkurs: Das Streben nach Glück

Warum ist es so schwer, glücklich zu sein? Weil das Glücksgefühl ein sehr kurzer, flüchtiger Zustand ist, der durch Dopamin und andere Botenstoffe im Gehirn ausgeschüttet wird.

Ausgelöst wird der Cocktail der Glückseligkeit durch einen Reiz, meistens von außen. Das ist sehr individuell. Der eine empfindet Glück, wenn er aus einem Flugzeug springt und mit einem Fallschirm auf dem Rücken in Richtung Erde rast, der andere beim genüsslichen Verzehr einer Tafel Schokolade, der dritte beim Sex, der vierte bei Tempo zweihundert auf der Autobahn, der nächste bei einem romantischen Sonnenuntergang. So weit, so gut.

Nun kommt das Aber: Stell dir vor, du isst *jeden Tag* Schokolade, siehst dir *täglich* einen romantischen Sonnenuntergang an, fährst *immer* mit Tempo zweihundert über die Autobahn. Jeden. Tag. Der Reiz wird nach und nach schwächer, weshalb auch die Belohnung im Gehirn geringer ausfällt. Wir gewöhnen uns also an den Glückszustand – und sorgen damit automatisch dafür, dass er weniger stark ausfällt. Das ist der Grund, warum Dinge, die vor einigen Jahren, vielleicht sogar nur Wochen, für einen Glücksrausch bei uns gesorgt haben, bei zu häufiger Wiederholung nicht mehr denselben Effekt haben. Es ist daher wichtig, sich bewusst zu machen, dass wir unserem Gehirn immer wieder neue Impulse geben dürfen, um uns erfüllt oder glücklich zu fühlen – und dass eine zu häufige Wiederholung dazu führt, dass wir uns weniger glücklich fühlen als noch beim letzten Mal.

Jeder Augenblick unseres Lebens ist einzigartig, genau wie du und jeder andere Mensch auf der Welt. Ziel der menschlichen Spezies ist nicht, dass wir alle gleich werden, dasselbe denken, fühlen oder tun. In unserer Vielfalt liegt unsere Stärke. Daher ist es unsere Aufgabe als Menschen im sozialen Miteinander, die vermeintlichen Schwächen anderer als ihre Stärken anzuerkennen und in der Lage zu sein, ihre Perspektiven zu verstehen. Denn jeder nimmt die Welt mit anderen Augen wahr. Jeder empfindet anders, denkt anders, handelt anders. Kein Mensch hat dieselben Erfahrungen gemacht wie du, selbst wenn ihr das Gleiche erlebt habt. Das zu verstehen ist eine meiner wichtigsten Botschaften an dich: Du bist einzigartig – genau wie all die Menschen um dich herum.

Deine Einzigartigkeit

Was bedeutet eigentlich Einzigartigkeit? Was macht dich einzigartig? Und wie kannst du deine Einzigartigkeit anderen gegenüber leben? Wie viel Authentizität erlaubst du dir im Alltag? Wann ordnest du dich ein – oder gar unter?

Aus meinen langjährigen Erfahrungen als Beraterin kann ich mittlerweile sagen: Ein zufriedenes Leben führt derjenige, dem es gelingt, eine Balance zwischen individuellem, authentischem Verhalten und der Anpassung an seine Umwelt zu finden.

Kennst du auch diese Situationen, in denen du etwas nicht weißt, aber so tust, als würdest du es wissen? Du lenkst vom Thema ab, um nicht zugeben zu müssen, dass du dich nicht auskennst. Du hast das Gefühl, dich eigentlich auskennen zu müssen, und bist peinlich berührt, weil der andere das Thema anspricht oder dir gar Fragen dazu stellt.

Oder du hast Lust, etwas Verrücktes zu machen. Du möchtest etwas Ausgefallenes anziehen oder eine bestimmte Emotion wie Freude oder Ärger zeigen, in einem Augenblick, in dem andere das nicht tun würden. Du überlegst dir, ob das in diesem Moment angemessen ist und ob du das den anderen zumuten kannst.

Die Beispiele sind sehr unterschiedlich, aber in beiden geht es darum, wie authentisch du dich nach deinen eigenen Maßstäben und denen der anderen zeigen darfst.

Im ersten Fall ist dir deine Unwissenheit peinlich. Du bist dir nicht sicher, ob du diese »Lücke« offenbaren solltest. Du empfindest deine Unwissenheit als Schwäche. Dabei zeigt das, was du nicht weißt, nur, dass dir andere Dinge in der Vergangenheit wichtiger waren und Priorität hatten. Insofern wäre es nur authentisch zuzugeben, dass du nicht mitreden kannst, weil du nicht informiert bist. Doch das fällt oft nicht leicht.

Der innere Zwiespalt entsteht aufgrund der Unsicherheit, was wir wissen zu müssen meinen. Außerdem befürchten wir, dass die anderen eine schlechte Meinung von uns haben und uns abwerten. Wir verstellen uns aus Angst, nicht zu genügen.

Einzigartigkeit zu zeigen bedeutet daher auch, den Mut zu haben, vermeintliche Schwächen zuzugeben. Die Frage ist doch: Wer entscheidet, was man wissen muss? Erlaubst du dir, du selbst zu sein? Dann steh zu dir, zu deinem Wissen und deinen Fähigkeiten – und zu deiner Unvollkommenheit. Bestimmt gibt es Bereiche, in denen du mehr weißt und kannst als andere.

Wenn du authentisch leben willst, hast du weniger Maßstäbe, mit denen du dich vergleichen kannst, und wirst zukünftig seltener in die Vergleichsfalle tappen. Was andere tun, wie sie aussehen, was sie haben – du nimmst es zur Kenntnis, bewunderst es vielleicht sogar, doch es kann dich nicht mehr runterziehen. Denn du bist das Maß, an dem du misst, und du allein entscheidest, ob deine Authentizität sozialverträglich ist. Wenn du authentisch sein darfst, triffst du allein die Entscheidung, welche Bereiche wie viel Raum in deinem Leben einnehmen. Es ist kein Zeichen von mangelnder Intelligenz, wenn dich einige Bereiche mehr interessieren als andere. Du hast die Freiheit, deine Interessen selbst zu definieren. Dazu gehört der Mut, seine eigenen Interessen über die Meinung anderer zu stellen – manchmal sogar über die Meinung der Mehrheit.

Einzigartigkeit bedeutet, unvergleichlich zu sein. Es gibt niemanden, mit dem du dich in Konkurrenz stellen kannst. Niemand kann den Vergleich mit dir aufnehmen – und umgekehrt. Wenn du dir deiner Einzigartigkeit bewusst wirst, beginnst du, dich voll zu leben. Mit all deinen Macken, deinen Defiziten, deinen Schwächen. Du bist genau richtig so, wie du bist – nicht, wie du sein *könntest* oder sein *solltest*.

● Sei dein eigener Ratgeber

Es gibt eine Übung, die du jedes Mal praktizieren kannst, wenn du dir unsicher bist, wie du dich anderen gegenüber verhalten sollst.

Stell dir vor, dass du dein eigener Experte bist. Nur du weißt, was du tun musst, um zufrieden zu leben. Du gibst dir selbst einen Rat, der wichtiger und wertvoller ist als alles, was andere sagen. Überleg dir, wo du die Grenze ziehst, damit dein Verhalten für andere sozialverträglich ist. Stell dir vor deinem inneren Auge das Verhalten vor, das du am liebsten zeigen würdest. Denk darüber nach, welche Konsequenzen es für dein soziales Umfeld hat.

Was kann im schlimmsten Fall passieren?

Ich kann mir denken, was du jetzt erwidern willst, denn ich höre es oft in meinen Beratungen: »Wenn ich mich verhalte, wie ich will, bin ich doch ein rücksichtsloser Egoist – und das will ich nicht sein!«

Du hast recht. Es gibt eine haarfeine Grenze zwischen Authentizität und Egoismus. Sich in seiner Eigenheit zu zeigen heißt nicht, rücksichtslos zu leben. Dennoch bedeutet authentisch zu leben, sich weniger anzupassen.

Entscheidest du dich beispielsweise dafür, keine Tagespresse zu lesen, kann das von anderen negativ bewertet werden, weil das ihrer Meinung nach zur Allgemeinbildung gehört. Dennoch wird keiner Schaden nehmen, wenn du dich weiterhin dem Zeitunglesen verweigerst. Das Schlimmste, was passieren kann, ist, dass andere dein Verhalten aus ihrer Perspektive nicht verstehen können. Wenn es dich nicht interessiert oder dich sogar belastet, Zeitung zu lesen, wie das bei mir der Fall ist, ist dein persönlicher Gewinn größer, wenn du dich nach deinem Bedürfnis richtest, als wenn du dich anpasst.

Ich glaube, dass es ein großes Potenzial birgt, du selbst sein zu dürfen. Denn dann gibt es unglaublich viel mehr voneinander zu lernen, als wenn wir alle nach denselben Werten und Interessen leben und streben.

Sei du selbst, sei anders! Nimm dir kleine Dinge vor, an denen du dich ausprobierst, und erfahre, dass es nichts verschlechtert. Im Gegenteil: Je authentischer du bist, desto sichtbarer wirst du fur andere, und desto besser können sie dich kennen- und schätzen lernen.

Hast du Zweifel? Weil du dir nicht sicher bist, ob dieses authentische »Du« gut ankommt? Oder weil du an dir selbst zweifelst? Vielleicht bist du viel besser, als du denkst. Du siehst es nur nicht, weil du auf die anderen schaust.

Ab jetzt darfst du den Fokus auf dich richten. Du darfst dein eigener Maßstab sein, und du darfst abwägen, was zu dir passt und wie viel wovon dir guttut. Ab jetzt musst du keinen mehr übertreffen, außer vielleicht dich selbst. Und das auch nur dann, wenn du es willst. Ab jetzt soll es für dich folgende Sätze nicht mehr geben:

- Ich bin schlechter als die anderen.
- Ich kann mit den anderen nicht mithalten.
- Ich bin weniger wert als die anderen.
- Ich sehe nicht so gut aus wie die anderen.
- Ich kann nicht so gut reden wie die anderen.
- Ich habe nicht so viel aus meinem Leben gemacht wie die anderen.
- Ich bin nicht so selbstbewusst wie die anderen.

Ich wünsche mir, dass du lernst, dich selbst mit wohlwollendem Blick und aus liebenden Augen zu betrachten und deine eigene innere Stärke zu finden.

Innere Stärke finden

Wie schaffen wir es, unser eigenes Maß, unser Selbst und unsere innere Sicherheit zu finden? Indem wir uns zunächst einmal bewusst werden, was gut ist und bleiben darf. Jeder Mensch hat Ressourcen und Kompetenzen. Sich dieser Stärken klar zu werden ist ein entscheidender Schritt, Vergleichen zukünftig besser standzuhalten.

Allerdings ist es so, dass die wenigsten Menschen wirklich wissen oder formulieren können, welche Seiten an ihnen positiv sind. Das hat damit zu tun, dass in unserer Kultur das Prinzip der Bescheidenheit gilt, anders als zum Beispiel in den USA, wo man gern zeigt, was man hat, und seine Talente selbstbewusst in den Vordergrund stellt. Egal ob es um einen

Highschool-Abschluss oder den Gewinn im Lotto geht, Amerikaner zeigen oft voller Stolz, was sie erreicht haben, und bekommen von ihren Landsleuten dafür noch mehr Anerkennung.

Den Deutschen fällt das sehr viel schwerer, was mit unserer Geschichte, aber auch unserer Kultur zusammenhängt, in der wir zur Bescheidenheit erzogen wurden. Nicht umsonst sagen wir gern: »Eigenlob stinkt!« Wir würden nicht auf die Idee kommen, uns als beste Autofahrer oder tollste Köchin zu beschreiben. (Und wenn es doch mal jemand in unserem Beisein tut, sind wir peinlich berührt und etwas fassungslos.) Stattdessen stellen wir unser Licht gern unter den Scheffel und kokettieren mit einer bescheidenen Grundhaltung. Deswegen fällt es in Vorstellungsgesprächen Bewerbern oft leichter, die Frage nach der größten Schwäche zu beantworten, als wohlwollend über sich selbst zu sprechen. Niemand will ein Angeber sein oder als Großmaul wahrgenommen werden. Dann lieber schön bescheiden bleiben.

Was sind deine Stärken? Was zeichnet dich aus? Nicht jeder kann sofort ein Blatt mit der Niederschrift seiner besten Seiten befüllen. Den meisten fällt es leichter, die schlechten Angewohnheiten und Charakterzüge festzuhalten. Wir neigen zur Überkritik, besonders wenn es um unser eigenes Wesen geht. Dabei wären wir gut beraten, wenn wir unserem Selbst mit Milde begegneten.

Vor Kurzem sprach ich mit einer Klientin über ihre Beziehung. Obwohl sie seit Jahren in einer glücklichen Partnerschaft steckte, hatte sie sich fremd verliebt. Es war zu keinem Seitensprung gekommen, und die Klientin hatte ihrem Partner auch noch nichts von ihren Gefühlen für den anderen Mann erzählt. Dennoch machte sie sich schwere Vorwürfe deswegen.

»Ich frage mich, was nicht mit mir in Ordnung ist«, schimpfte sie. »Roland ist so ein toller Mann, aber ich verliebe mich in jemand anderen. Ich bin so eine dumme Kuh.«

Ich sah sie ruhig an. »Sie sollten nicht so streng mit sich sein. Solche Dinge passieren. Dagegen sind Sie machtlos. Und immerhin haben Sie verhindert, dass es weitergeht.«

»Aber was für eine schlechte Freundin bin ich ihm, wenn ich Gefühle für einen anderen habe? Vermutlich wäre er besser ohne mich dran.«

Ich spürte, dass kein Durchkommen war. Also änderte ich meine Strategie. »Stellen Sie sich vor, eine Freundin würde Ihnen heute erzählen, dass sie sich in einen anderen verguckt hat. Was würden Sie ihr sagen?«

Sie zuckte mit der Schulter. »Dass so was eben vorkommt.«

»Interessant«, meinte ich. »Ihrer Freundin gestehen Sie das Fremdverlieben also zu.«

»Ja.«

»Und warum?«

Sie sah mich ratlos an. »Weil das jedem mal passieren kann.«

»Warum gestehen Sie es sich dann nicht selbst zu?«

Endlich schien ihr ein Licht aufzugehen. »Weil ich denke, dass es mich zu einem schlechten Menschen macht.«

Du siehst einmal mehr: Anderen, vor allem denen, die wir mögen, gestehen wir oft mehr zu als uns selbst. Wenn du das nächste Mal übermäßig selbstkritisch bist oder dir Vorwürfe machst, frag dich ganz ernst: »Wenn es meine Freundin wäre, die diesen ›Fehler‹ gemacht oder diese Leistung nicht erbracht hätte, wie würde ich sie trösten?« Es sind dieselben Worte, die auch für dich gelten sollten.

Was andere über uns sagen, hat einen großen Einfluss auf unser Selbstbild. Manchmal ist es auch einfacher, die Dinge anzunehmen, die andere positiv über uns denken. Die nachfolgende Übung soll dir helfen herauszufinden, was deine Stärken sind.

Der Spiegel der anderen

Was zeichnet dich aus? Was sind deine Stärken? Ich möchte dich darum bitten, mindestens drei Menschen in deinem näheren Umfeld um eine Einschätzung zu bitten. Frag sie geradeheraus, was du ihrer Meinung nach besonders gut kannst oder welche Eigenschaften toll an dir sind.

Überprüf das, was andere von dir sagen, danach mit deiner eigenen Einschätzung. Was hast du bereits gewusst, und was ist dir neu? Wie kannst du mit den Äußerungen der anderen umgehen? Fällt es dir schwer, die Beobachtungen anzunehmen? Wie fühlst du dich mit der Fremdwahrnehmung?

Wenn du niemanden fragen kannst oder willst, kannst du die Übung auch allein machen. Notier auf drei Blättern jeweils eine Person, die dich gut kennt. Wähl Personen aus verschiedenen Umfeldern: eine aus der Familie, eine aus dem Freundeskreis und eine aus dem Arbeitsumfeld oder dem erweiterten Bekanntenkreis.

Leg die Blätter im Dreieck auf den Fußboden, schreib auf ein viertes Blatt deinen Namen und leg es in die Mitte. Stell der Reihe nach den von dir ausgewählten Personen folgende Fragen, und notier die Antworten auf dem Blatt:

- Was würde Person X über mich sagen, was für ein Mensch ich bin?
- Welche meiner Stärken würde die Person nennen?
- Was würde sie über meine Kompetenzen/Fähigkeiten sagen?
- Was würde sie über meine Beziehungsfähigkeit sagen?
- Was würde sie sagen, was besonders liebenswert an mir ist?

Dinge, die doppelt oder mehrfach genannt werden, sind Kernkompetenzen von dir. Du kannst die Übung natürlich auch mit mehr als drei Personen machen.

Selbstbewusstsein und Selbstsicherheit gehören eng zusammen. Wer sich seiner selbst bewusst ist, verfügt in der Regel über eine gesunde Selbstsicherheit, die ihm hilft, auch in schwierigen Situationen nicht den Kopf zu verlieren, sondern nach vorn zu schauen. Manchmal spüren wir diese Selbstsicherheit ganz bewusst. Einige Frauen erleben diesen Moment beispielsweise, wenn sie zum ersten Mal ihr Kind an die Brust legen und stillen. Sie sind ganz im Moment, versorgen das Baby und wissen: *Ich kann das.*

Die Momente, in denen wir unser eigenes Selbst besonders spüren, sind häufig aber auch solche, denen eine Krise vorausgegangen ist. Eine meiner Klientinnen trennte sich von ihrem Mann und ging nur mit einem Koffer nach Berlin, um ein neues Leben zu beginnen. Kurz darauf schrieb sie mir, dass sie sich in dem Augenblick, als sie in Berlin ankam, so sicher gefühlt habe wie nie zuvor in ihrem Leben. »Ich hatte mit einem Mal das Gefühl, ich könne alles schaffen. Wenn ich diese Trennung hinter mich gebracht und den Mut gesammelt habe, alles hinter mir zu lassen – was soll da noch kommen, was ich *nicht* meistern kann?« Sie fühlte eine enorme innere Stärke, deren sie sich vorher nicht bewusst gewesen war. Und sie gab sich die Erlaubnis, über sich hinauszuwachsen. Die Gewissheit, dass sie zu jedem x-beliebigen Zeitpunkt in ihrem Leben einfach noch mal von vorn anfangen konnte, verlieh ihr enorme Selbstsicherheit.

Die eigene Selbstsicherheit

Gab es eine Situation in deinem Leben, in der du dich wirklich selbstsicher gefühlt hast? In der du überzeugt davon warst, dass du etwas schaffen kannst?

Oder gibt es eine Situation, auf die du besonders stolz bist? Wann war das? Wie hat sich dein Gefühl im Vergleich zu heute verändert? Spürst du heute noch manchmal diese Selbstsicherheit? In welchen Momenten?

Was war notwendig, um damals deiner selbst sicher zu werden? Was ließ deine Selbstsicherheit wachsen?

In meinen Beratungen für Unternehmen und Teams arbeite ich immer wieder mit Menschen zusammen, denen gekündigt wurde – für die meisten ist der Jobverlust eine Katastrophe. Auch Frau Schmidt, eine vierzigjährige alleinerziehende Mutter und Grafikdesignerin, wusste weder ein noch aus, als sie im Zuge eines Personalabbaus in ihrer Agentur die Kündigung erhielt. Wir setzten uns zusammen und sprachen über das, was ihr wirklich am Herzen lag. Sie beklagte, dass der Stellenmarkt in der Kreativbranche wie leergefegt sei und dass sie sich nicht vorstellen könne, in eine andere Stadt zu ziehen. Nicht ihretwegen, sondern wegen ihrer Kinder.

»Können Sie sich denn vorstellen, in einem anderen Feld zu arbeiten?«, wollte ich von ihr wissen.

Sie schwieg und schüttelte den Kopf wie die meisten in einem gewissen Alter. Also hakte ich nach.

»Was wollten Sie denn schon immer mal machen? Also rein beruflich.«

Frau Schmidt überlegte nicht lange. »Früher wollte ich Kindergärtnerin werden. Ich liebe es, von Kindern umgeben zu sein.«

»Was hält Sie davon ab, es in diesem Beruf zu versuchen?«

»Ach, da verdiene ich doch nicht genug«, meinte sie lapidar. »Außerdem habe ich gar keine passende Ausbildung. In meinem Alter nimmt mich doch keiner mehr!«

Ich ließ nicht locker und ermunterte sie dazu, die Augen bei der Jobsuche auch in diese Richtung offen zu halten. Kurz darauf fiel im Kindergarten ihres Sohnes eine Kindergärtnerin aus. Frau Schmidt, zu diesem Zeitpunkt bereits freigestellt von ihrer Arbeit in der Agentur, sprang übergangsweise ein – und fand ihre Erfüllung. Sie machte sich, obwohl sie totale Quereinsteigerin war, so gut, dass ihr kurz darauf eine Stelle angeboten wurde. Sie absolvierte binnen kürzester Zeit die Ausbildung zur Kinderpflegerin und anschließend zur Erzieherin und arbeitet heute in einem Kindergarten.

Sie ist heute so glücklich, wie sie es in der Agentur niemals gewesen war, und sagt selbst: »Gott sei Dank wurde mir damals gekündigt! Ohne die Krise hätte ich den Schritt in einen anderen Beruf niemals gewagt. Heute traue ich mir viel mehr zu als früher – ich habe ja gesehen, dass es immer einen Weg gibt.« Selbst das geringere Gehalt stört sie mittlerweile nicht mehr. Ja, es geht einmal im Jahr weniger in den Urlaub. »Aber meine berufliche Zufriedenheit und das Gefühl, am richtigen Ort einen Beitrag zu leisten, sind doch viel wichtiger.«

● Wachsen an der Krise

Liste in der folgenden Übung auf, wann du in deinem Leben echte Krisen erlebt hast. Das können eine Kündigung, das Ende einer Beziehung oder der Verlust eines geliebten Menschen sein – aber natürlich auch »kleinere« Probleme, die sich riesengroß angefühlt haben.
Betrachte die Liste und frag dich: Was habe ich aus der jeweiligen Krise gelernt? Welche Erkenntnisse habe ich gewonnen? Wie hat sie mich zum Positiven verändert? Hat sie mein Leben in eine unerwartete Richtung gedreht? Habe ich Selbstsicherheit durch sie erfahren? Wenn ja, in welcher Form? Wenn nein, warum nicht? Was war notwendig, um die Krise zu meistern?

In meinen Beratungen traf ich einmal einen Mann, nennen wir ihn Lars, der beruflich in der Krise steckte. Er war Texter, konnte aber keine Aufträge mehr ergattern. Jahr für Jahr wurde es schwieriger, und auch wenn er immer mehr Energie in die Neuakquise steckte, kamen kaum noch Anfragen. Irgendwann musste er erkennen, dass er so wie bisher nicht weitermachen konnte.
Er wollte sich von mir beraten lassen, und ich fragte ihn, welche Kompetenzen er habe.
Lars sah mich aus großen Augen an und zuckte mit den Schultern. »Ich weiß nicht. Bislang hab ich immer nur getextet.«
Gemeinsam machten wir eine lange Liste mit all den Berufen, die uns rund ums Texten einfielen: Journalist, Lektor, Korrektor, Redakteur und so weiter. Ich spürte jedoch, dass Lars unsicher war. Die jahrelange schlechte Auftragslage hatte ihn zermürbt und sein Selbstbewusstsein angegriffen. Er fragte sich, ob es mit seiner Kompetenz zusammenhing, dass er keine Aufträge mehr bekam.

»Gut, dann lassen Sie uns doch mal größer denken«, schlug ich vor. »Was machen Sie denn noch gern?«

Er zuckte wieder mit den Achseln. »Ich weiß nicht.«

Eine harte Nuss. Also sagte ich ihm auf den Kopf zu: »Ich finde, Sie haben eine sehr schöne Stimme.«

Lars lächelte. »Danke.«

»Haben Sie sich schon mal darüber Gedanken gemacht, etwas mit Ihrer Stimme zu machen?«

Er schüttelte den Kopf. »Was denn?«

»Moderator, Synchronsprecher, Hörbuchsprecher …«

»Ne. Wie soll ich denn da reinkommen?«, meinte er.

Wir arbeiteten weiter. Mithilfe einer Übung, die ich dir gleich zur Verfügung stellen werde, kamen wir auf eine Liste von Kompetenzen, über die Lars verfügte. Er war erstaunt – denn viele der Fähigkeiten hatte er gar nicht auf dem Schirm gehabt.

»Empathie, Kommunikation, Selbstorganisation, Zuhören, Kreativität … Ich bin erstaunt, was da alles zusammen-gekommen ist«, gab er schließlich zu. Man konnte ihm an-sehen, dass er sich besser fühlte als vorher. Sogar seine Schultern wirkten gerader, und er ließ den Kopf nicht mehr hängen. »Aber was mache ich nun damit?«

»Lassen Sie uns überlegen, was Sie richtig gern machen. Unabhängig vom Beruflichen. Wann haben Sie das letzte Mal Stolz auf sich selbst verspürt?«

Er musste nicht lange nachdenken. »Als ich vor einem Mo-nat als Trauredner meinen besten Freund und seine Freun-din in einer freien Zeremonie getraut habe. Das war toll.«

Ich fragte ihn: »Was war das Tolle daran? Worauf waren Sie in diesem Moment stolz?«

Er erzählte mir, dass er ein langes Vorgespräch mit dem Brautpaar geführt und es sich dabei zur Aufgabe gemacht habe, die beiden wirklich zu verstehen. Er hatte in seiner

Rede die Freunde im Kern treffen und das wiedergeben wollen, was sie als Paar besonders auszeichnete. Ich sagte, dass er bei diesem Gespräch vermutlich genau zugehört habe. Er zeigte mit einem Lächeln auf die Liste der Fähigkeiten, die noch vor ihm lagen. Auf der stand unter anderem »Zuhören«. Wir gingen die Liste noch einmal durch, diesmal vor dem Hintergrund »Traureden halten«. Fast alle seiner Kompetenzen wurden vom Beruf Trauredner abgedeckt.

Ich zuckte mit den Schultern. »Wie wäre es für Sie, als Trauredner zu arbeiten?«

Lars sah mich skeptisch an.

Ich erklärte: »Trauredner kann grundsätzlich jeder werden, es ist kein geschützter Begriff. Der Beruf wird selbstständig ausgeübt, was ein hohes Maß an Selbstorganisation erfordert. Außerdem Empathie, denn Sie arbeiten ja eng mit Paaren zusammen, die den schönsten Tag ihres Lebens von Ihnen mitgestalten lassen wollen. Sie erzählen Ihnen ihre Geschichte, hier können Sie Ihre Kompetenzen des Zuhörens und der Kommunikation voll ausleben. Und die Traureden schreiben Sie selbst – das ist kreativ. Am Ende tragen Sie die Reden mit Ihrer schönen Stimme vor. Der Einsatz, den Sie vorab bringen müssen, ist gering. Eine Website, vielleicht ein paar Flyer … Was spricht also dagegen?«

Lars ging an diesem Tag sehr nachdenklich aus der Praxis. Eine Weile hörte ich nichts von ihm – doch nach einem halben Jahr schrieb er mir eine Nachricht. Er erzählte mir, dass er in der Zwischenzeit fünf Paare in freien Zeremonien getraut habe – und jeden Monat kämen neue Anfragen dazu. Mittlerweile würde er darüber nachdenken, auch Begräbniszeremonien und freie Taufen als Redner zu begleiten. Darüber hinaus würde er auch in seinem alten Beruf als Texter wieder häufiger angefragt. Am Ende seiner Mail schrieb er: »Ich bin so froh, dass ich durch unsere Übung gelernt habe, den Blick auf das zu lenken, was da ist – und nicht nur das zu sehen, was mir fehlt!«

In jeder Krise steckt die Möglichkeit, die eigene Komfortzone zu verlassen und über sich hinauszuwachsen. Man muss nur wissen, wie.

● Lern dich besser kennen!

Nimm ein großes Blatt Papier (mindestens DIN A3), schreib in die Mitte des Blattes deinen Namen und umkreise ihn. Von dort aus zeichnest du strahlenartige kurze Striche nach außen – wie bei einer Sonne.

Am Ende jedes Strahls schreibst du in verschiedenen Farben Stationen deines Lebens, an denen du etwas gelernt oder Erfahrungen gemacht hast. Das können sein: *Kindergarten, Schule, Ausbildung, Auslandsaufenthalt, Au-pair-Zeit, Weiterbildungen, Tagungen, Klinikaufenthalte, Familie* und so weiter. Dabei handelt es sich um deine Lernorte.

Umkreise die Lernorte, und versehe sie mit eigenen Strahlen.

Am Ende der Strahlen notierst du, was genau du bei den einzelnen Stationen gelernt hast. Hier stehen also die Tätigkeiten. Wenn zum Beispiel ein Lernort die Schule ist, könnte an den Strahlen stehen: *Organisieren, Kommunizieren, Zuhören, Lernen, Ideen umsetzen, Freundschaften pflegen, Streiten, für eine Sache kämpfen, selbstständig Wege und Orte finden …*
In einem letzten Schritt malst du um jede Tätigkeit einen Kreis und versiehst diesen wieder mit Strahlen.

Ans Ende dieser Strahlen schreibst du die Fähigkeiten, die du gebraucht hast, um die Tätigkeiten ausüben zu können.
Wenn du zum Beispiel die Tätigkeit »für eine Sache kämpfen« anschaust, überleg dir im nächsten Schritt, welche Fähigkeiten du gebraucht hast, um für eine Sache zu kämpfen. Da könnte stehen: *Kommunikation, Durchsetzungsvermögen, Konflikte austragen, Kommunizieren, für etwas brennen, kreativ sein …*

Bei diesen Fähigkeiten handelt es sich um Kompetenzen. Unterstreiche oder markiere diejenigen farbig, die du am häufigsten aufgelistet hast. Das sind deine Kernkompetenzen.

Frag dich selbst: Wie viele deiner Kompetenzen nutzt du tatsächlich? In welchen Bereichen nutzt du sie? Welche Kompetenzen kommen eventuell zu kurz? Welche neuen Einsatzbereiche für deine Kompetenzen könntest du dir schaffen?

Du bist du

Wir können uns mit allen möglichen Personen vergleichen – Menschen, die in unserer Wahrnehmung über oder unter uns oder auf derselben Ebene stehen. Das hilft, wie wir gesehen haben, im positiven Fall, uns selbst einzuschätzen, darüber hinaus kann es motivieren. Vergleiche mit anderen haben aber auch immer das Potenzial, uns runterzuziehen und schlecht fühlen zu lassen.

Wir können uns auch mit uns selbst vergleichen. Zum einen werden wir dann unser eigenes Vergleichsmaß und werten uns auf, wir nehmen uns als Maß der Dinge. Zum anderen werden wir schnell feststellen, was wir im Vergleich zu einem anderen Zeitpunkt dazugelernt haben. Wir sehen, welche persönliche Entwicklung wir durchlaufen haben und wo wir heute im Vergleich zu früher stehen. Es stärkt uns zu erkennen, welche Meilensteine wir zurückgelegt haben.

Der Vergleich mit uns selbst ist ein zeitlicher Vergleich. Wir stellen die Gegenwart der Vergangenheit gegenüber. Das können wir in jedem Bereich tun – erinnere dich nur an die Übung mit den »Fünf Säulen der Identität«. Die Frage lautet dann: Gab es einen Zeitpunkt in deinem Leben, als du dich in diesem Bereich besser gefühlt hast?

Beim Vergleich mit uns selbst können wir überprüfen, wie wir uns mit unserem Körper oder Aussehen, unserem Beruf, unserer Bildung, unserer finanziellen Sicherheit und so weiter im Vergleich zu früher fühlen. Wir erfahren, was wir uns zutrauen, wie wir uns in Beziehungen verhalten, wie wir Konflikte austragen oder wie es um unsere Work-Life-Balance bestellt ist, also um die Ausgewogenheit im Verhältnis zwischen unseren beruflichen Anforderungen und unseren persönlichen Interessen. Dabei ist es noch nicht einmal notwendig, den großen Bogen des Lebens zu schlagen: Wir können auch kleine zeitliche Einheiten wählen und beispielsweise unsere Kondition beim Joggen heute mit der von gestern vergleichen. So bauen wir den Vergleich mit uns selbst jeden Tag in den Tagesablauf ein, bekommen ein besseres Gefühl für uns selbst und schulen unsere Wahrnehmung.

● Früher und heute

Such dir ein Thema aus, das dir früher Probleme bereitet hat oder dich immer noch herausfordert.

Überleg, wann du früher beispielsweise ängstlich warst. Ist das heute auch noch so? Was ist deinem jüngeren Ich besonders schwergefallen, was dir heute leichter von der Hand geht? In welchen Situationen bist du selbstbewusster geworden? Hast du dich früher schwergetan, ein souveränes Telefonat zu führen? Und denkst du heute nicht einmal mehr darüber nach? Hattest du Angst vor Konflikten? Inzwischen hast du vielleicht schon so viele Dispute ausgetragen, dass es dir nicht mehr so schwerfällt. Hattest du Angst, Freunde einzuladen, weil du deine Kochkünste als ungenügend eingestuft hast? Heute denkst du möglicherweise nicht einmal mehr darüber nach, sondern kochst einfach drauflos.

Wenn du dich mit dir selbst vergleichst, wo hast du dazugelernt, bist selbstbewusster oder entspannter geworden?

Es wurde schon so häufig gesagt und geschrieben, und dennoch bin ich erstaunt, wie wenig Menschen sich darüber im Klaren sind: Keiner ist perfekt. Wirklich, gar keiner da draußen. Deswegen darfst du nachsichtig dir selbst gegenüber sein. Wir leben in einer Zeit der allgegenwärtigen Selbstoptimierung, überwachen unsere Kalorien, tracken unsere Schritte, nehmen an Persönlichkeitscoachings teil … Immerzu versuchen wir, eine noch bessere Version unserer selbst zu sein. Das ist anstrengend und richtet den Fokus andauernd auf den Mangel, auf das, was wir loswerden wollen. Überschüssige Pfunde, blöde Eigenschaften, komplizierte Freundschaften. Wer sagt eigentlich, dass wir keine Schwächen haben dürfen? Wieso müssen wir uns andauernd mit dem Mangel beschäftigen?

Wie wäre es stattdessen, wenn wir uns die Perspektive der Fülle aneigneten? Wenn wir uns mit unseren Schwächen versöhnten und der Selbstoptimierung damit ein Schnippchen schlügen? Wenn wir uns erlaubten, an manchen Tagen schlecht gelaunt, faul und uneinsichtig zu sein – aber dafür authentisch und echt?

Erst wenn wir uns in Gänze zeigen, und ja, das bedeutet auch mit den vermeintlich »schlechten« Seiten, können die anderen uns wirklich sehen. Das ist der Schlüssel zur Authentizität: sich ganz zu zeigen und darauf zu pfeifen, wenn mein Sein den anderen stört. Ich bin mir sicher, wir wären alle ein wenig zufriedener im Leben, weil wir uns weniger darum

scheren würden, was die Frau in der Bäckerei, die Arbeits-
kollegin oder die beste Freundin von uns denkt. Wir wären
liebevoller mit uns – und nachsichtiger mit anderen.

Wäre es nicht schön, wenn wir miteinander so authentisch
sein dürften, dass wir uns auch unsere Schwächen offenbar-
ten? Denn so einzigartig wir sind, in einem sind sich alle
Menschen gleich: in ihrer absoluten, liebenswürdigen Unvollkommenheit.

5.
Wachse über dich hinaus!

Wenn wir aufhören wollen, uns ständig zu vergleichen, benötigen wir mehr Stabilität in uns selbst. Dasselbe gilt auch umgekehrt: Je selbstbewusster wir sind, desto weniger sind wir vom Vergleich abhängig. Stärker werden wir, wenn wir unsere Komfortzone verlassen und unsere bisherigen Grenzen überschreiten. Das fällt leichter, wenn wir ein Ziel oder eine Vision vor Augen haben – also wissen, wo wir hinwollen.

Routinen verlassen –
Raus aus der Komfortzone!

Wie du weißt, ist unser Gehirn auf Effizienz ausgerichtet. Neue Synapsen zu bilden, also neue Gedanken zu haben, ist arbeitsintensiv und verbraucht Kalorien. Das Gehirn kommt mit weniger Energie aus, wenn es die neuronalen Wege geht, die es bereits kennt. Deshalb denken wir in Schubladen und hängen an unseren Routinen. In diesem Zustand, im Altbekannten, in der Komfortzone, wird weniger Arbeitsspeicher belegt, um mal im Bild eines Computers zu bleiben. Beinah die Hälfte aller Prozesse unseres »Superrechners« im Kopf laufen automatisch ab, weshalb wir Kapazitäten frei haben, um mathematische Berechnungen vorzunehmen, romantische Gedichte zu schreiben oder uns zu überlegen, wie wir das Problem mit dem Klimawandel in den Griff bekommen könnten.

Vor allem bei den täglichen Routinen kann das Hirn ordentlich Platz auf der Festplatte machen: Wo gehe ich einkaufen? Was landet im Einkaufswagen? Was koche ich am Abend – und wie? Routine, Routine, Routine! Das Problem: Diese Routinen sind in den kleinsten Verästelungen unseres Denkapparats abgelegt. Sie werden so selten verändert, dass sie sprichwörtlich ins Archiv verschoben wurden, wo sie still und heimlich vor sich hinarbeiten, ohne dass wir sie bemerken – und das ist auch Sinn der Sache. Würden wir uns nämlich jeden Morgen fragen müssen, ob wir zuerst duschen gehen und uns dann anziehen oder umgekehrt, wären wir mit ziemlich vielen Entscheidungen beschäftigt, die unser Denken lahmlegten.

Das Problem ist aber: Je mehr Routinen unseren Alltag bestimmen, desto weniger nehmen wir bewusst wahr. Im Autopiloten sind wir in Gedanken irgendwo, aber nicht bei der Sache. Wir handeln nach Vorschrift, tun das, was wir immer getan haben.

Wenig überraschend ist die Erkenntnis, dass Achtsamkeit, also das bewusste Gewahrwerden des Hier und Jetzt, zu einer höheren geistigen Flexibilität und Anpassungsfähigkeit an Situationen führt und uns wach und neugierig bleiben lässt. Neue Herausforderungen helfen, uns aus den Routinen ausbrechen zu lassen – und damit auch die Un-Achtsamkeit zu bezwingen. Wachstum findet also außerhalb der eigenen Komfortzone statt!

In der Arbeitspsychologie taucht immer wieder mal das sogenannte Sieben-Phasen-Modell auf. Man weiß mittlerweile, dass die Motivation eines Mitarbeiters in der Anfangsphase seiner Tätigkeit am höchsten ist. Ein neuer Job, eine neue Firma, ein neues Umfeld – alle Prozesse müssen neu erlernt, Beziehungen neu geknüpft, neurologische Strukturen neu aufgebaut werden. Wir brennen für unsere Aufgabe und sind geistig hellwach, denn wir brauchen alle Kapazitäten, um der neuen Aufgabe gewachsen zu sein. Sämtliche Ressourcen kommen zum Einsatz, manche müssen auch neu entwickelt werden. Es kostet uns Kraft, und wir strengen uns gehörig an. Gleichzeitig sind wir hochmotiviert und enthusiastisch.

Im Lauf der Zeit entwickeln wir Routinen. Wir leben uns ein, und es stellt sich nach und nach Gewohnheit ein. Die Software in der Firma raubt uns nicht mehr den letzten Nerv, und wir wissen in der Regel, was wir in bestimmten Situationen zu tun haben. Eine Phase der Stabilisierung beginnt. Es werden Kapazitäten frei, und wir laufen zu Bestform auf. Es ist die Phase des Wachstums und der Erfolge.

Irgendwann haben wir viel erreicht und fühlen uns sicher im Sattel – uns fehlen neue Herausforderungen. Auch die x-te Weiterbildung wird vermutlich keine neuen Erkenntnisse mehr bringen. Es findet eine Wende statt. An diesem Punkt werden uns die Grenzen unserer Tätigkeit und die strukturellen Grenzen der Firma bewusst. Wir haben das Gefühl festzustecken. Nach durchschnittlich sieben bis zehn Jahren auf derselben Position ist motivationsbezogen gesehen der Ofen meistens aus. Dann wird es spätestens Zeit für eine neue Aufgabe, entweder im Unternehmen oder außerhalb.

Es ist normal, dass Dinge am Anfang spannender und aufregender wirken als am Ende. Unser Gehirn funktioniert so, denn es will Energie sparen, weshalb es uns immer wieder in den Autopiloten schickt. Im unbewussten Zustand tun wir uns jedoch schwer mit dem Wachstum. Darunter verstehe ich, die Komfortzone, das »Es war schon immer so« zu verlassen und etwas anders zu machen. Uns im Streit nachsichtiger verhalten. Endlich mal das Fahrrad nehmen, anstatt mit dem Bus zu fahren. Eine neue Sprache lernen. Erst wenn wir bewusst werden und achtsam mit uns sind, werden wir ein Verhalten nicht nur verändern, wir ebnen auch den Weg, es langfristig als neue Routine zu etablieren.

Es gibt verschiedene Möglichkeiten, wie man wachsen kann, zum Beispiel:

- Man versucht versehentlich etwas Neues, stellt fest, dass man es mag, und tut es beim nächsten Mal absichtlich.
- Man entscheidet sich für eine Veränderung und weitet die Grenzen der Komfortzone sukzessive aus, indem man immer wieder ein Stückchen weiter geht.
- Man macht den berüchtigten »Sprung über den Schatten« und wagt etwas ganz Neues.

Jedem Wachstum geht ein Impuls voraus – eine Motivation. Um diesen Impuls wahrzunehmen, dürfen wir uns auf uns selbst, unsere Wünsche, Träume, Bedürfnisse oder Visionen konzentrieren. Wir müssen uns darüber klar werden, was uns fehlt und was wir verändern wollen.

Über seinen Schatten springen – Eigene Kompetenzen nutzen

Forscher, Entwickler, Erfinder und Menschen, die bahnbrechende Veränderungen bewirkt haben, hatten allesamt eine Idee von dem, was sie erreichen oder wer sie einmal sein wollten. Die Vision, ein Traum oder ein Ziel stehen immer am Anfang. Hätte Leonardo da Vinci nicht vom Fliegen geträumt, hätte er vermutlich auch keinen Flugapparat ersonnen.

Ein Traum funktioniert wie ein Motor: Er motiviert uns und treibt uns an, das zu erreichen, was wir uns wünschen. Er ist mit Gefühlen verbunden. Wir fühlen uns wohl und brennen für unsere Idee. Der Gedanke, das erreichen zu können, was wir uns wünschen, macht uns glücklich. Erlauben wir uns zu träumen, schaffen wir in unserer Vorstellung Platz. So kann scheinbar Unmögliches Wirklichkeit werden – zumindest in der Vorstellung.

In den seltensten Fällen können wir unsere Träume zu 100 Prozent in die Realität umsetzen. Charakteristisch für den Traum ist ja, dass alles möglich ist – und das ist im realen Leben oft nicht so. Dennoch können wir versuchen, dem Traum in der Realität möglichst nahe zu kommen.

Abgesehen davon justieren wir uns durch Träume neu. Wir überprüfen, welchen Zustand wir gern lieber hätten, was wir erreichen oder an uns verändern wollen. Außerdem ist es unglaublich entspannend, sich seinen Träumen zu widmen. Je genauer und ausgefeilter deine Vorstellung ist, desto mehr wirkt sie wie ein innerer Motor, der dich antreibt, deinen Idealzustand auch wirklich zu erreichen.

Ich glaube daran, dass wir uns in unseren Träumen selbst sehen und erkennen können. Über Träume finden wir heraus, was wir brauchen – und schon haben wir ein Ziel, für das es sich lohnt, über unseren Schatten zu springen und unsere Komfortzone zu verlassen.

● Zeit für Träume

Wer bist du in deinen kühnsten Träumen? Überleg dir, wie du wärst, wenn du dich frei, glücklich und zufrieden fühltest. Was wäre dann anders? Was bräuchtest du dazu? Was kannst du im Kleinen heute schon umsetzen?

Was ist dein absoluter Traumberuf? Überleg dir, wie dein Leben wäre, wenn du in deinem Traumberuf arbeiten könntest.

Schau im nächsten Schritt auf das, was davon in deinem aktuellen Beruf schon da ist, und überleg dir im zweiten Schritt, wodurch du es ergänzen kannst. Wie kannst du in kleinen Schritten deinem Traumberuf näher kommen?

Vielleicht sind ein Berufswechsel oder eine Aus- oder Weiterbildung notwendig. Wenn das so ist, welche ersten Schritte könntest du gehen?

Unzufriedenheit, vor allem im beruflichen Kontext, hat oft damit zu tun, dass wir nicht all unsere Kompetenzen voll ausleben dürfen. Manchen gelingt es, einige der beruflich vernachlässigten Fähigkeiten im Privaten auszuleben. Ich traf beispielsweise mal einen Lageristen, der im Job mehr oder weniger Dienst nach Vorschrift schob, aber absolut zufrieden war. Ich fragte ihn, ob ihn sein Beruf erfülle, und er verneinte. Trotzdem bezeichnete er sich als glücklich.

Er erzählte mir, dass er sich begeistert in seinem Tanzclub engagiere. Als wir anschließend über seine Kompetenzen sprachen, wurde klar: Bei der einfachen Tätigkeit im Lager konnte er seine Kompetenzen nicht mal ansatzweise ausleben. Praktischerweise gab ihm das Tanzen im Verein aber die Möglichkeit, genau die Kompetenzen, die bei der Arbeit ungenutzt blieben, zu verwirklichen. Gemeinschaftsgefühl, Organisationstalent, Kommunikation ... Alles, was ihm wichtig war, bekam er über den Verein. Du siehst also, es geht vor allem darum, seine eigenen Kompetenzen ausleben zu können, um mehr Zufriedenheit zu verspüren. Wo das geschieht, ist nicht unbedingt wichtig.

Im vorangegangenen Kapiteln haben wir uns eingehend mit deinen Kompetenzen beschäftigt. Du weißt jetzt, was du kannst und was dir wichtig ist. Aber lebst du all diese Werte bereits? Oder darfst du noch einmal nachjustieren?

Ich möchte dich dazu einladen, in kleinen Schritten deine eigenen Kompetenzen so für dich einzusetzen, dass du deine Komfortzone verlässt und wächst. Arbeite an dir, investiere, wo es dir notwendig erscheint und du wachsen möchtest. Das erfordert Mut, und den gibt es leider nicht im Supermarktregal. Doch Mut kann man lernen. Und wie das geht, zeige ich dir im Folgenden.

(Selbst-)Liebe wird aus Mut gemacht – Scheitern gehört dazu

Warum fällt es uns manchmal so schwer, unsere guten Vorsätze in die Tat umzusetzen? Oft fehlt uns der Mut, Veränderungen wirklich zu leben. Dabei kann jeder Mensch mutig sein, selbst wenn er eigentlich von eher ängstlicher Natur ist. Der größte Faktor, der uns davon abhält, mutig zu sein, ist die Angst vor dem Scheitern. Wenn etwas nicht so funktioniert, wie wir es uns vorgestellt haben, fühlen wir uns frustriert und minderwertig. Dabei ist ein Rückfall eigentlich der Normalfall. Wie du weißt, ist unser Gehirn nicht gerade scharf darauf, jeden Tag einhundert neue Wege zu gehen. Es dauert also, bis sich neue Verhaltensmuster oder Tätigkeiten,

Gedanken oder Handlungen in unserem Geist manifestiert haben.

Wenn wir tatsächlich scheitern, geschieht dies oft, weil wir uns zu viel vorgenommen haben. Wir haben ein Ziel, das wir anvisieren, blenden die verschiedenen kleinen Etappen, die auf dem Weg liegen, jedoch aus – und damit auch die Möglichkeiten, wie wir eine Niederlage »abfedern« können.

Ein Beispiel: Du willst schon seit Jahren Spanisch lernen, hast bis jetzt aber immer wieder gezögert, dich in einem Kurs anzumelden. Zu viel Angst hast du davor, dass dein Vorhaben bei Nichterfolg sein ganzes Potenzial der Frustration entfaltet. Also lässt du es lieber ganz, bevor du überhaupt damit angefangen hast.

Wie wäre es, wenn dein Ziel nicht lautete: »Ich will Spanisch sprechen können!«, sondern: »Ich möchte in der Lage sein, am spanischen Urlaubsort die Karte im Restaurant zu lesen und eine Bestellung aufzugeben«?

Du siehst, was sich verändert, einfach weil du dich nicht dem Endziel, sondern dem ersten Zwischenziel zuwendest. Und ich verspreche dir: Bereits ein erfolgreich absolvierter Sprachkurs an der Volkshochschule wird ausreichen, um ein Grundverständnis für die spanische Sprache zu entwickeln und erste Sätze zu formulieren.

Auf dem Weg dorthin kannst du dir weitere »Sicherheitsnetze« aufspannen: Bilde mit den Teilnehmern deines Kurses eine Lerngruppe. Schau dir spanische Filme im Original mit deutschem Untertitel an. Schreib dir die Vokabeln, die dir wichtig sind, auf Zettel oder Karteikarten, und verteil sie in deiner Wohnung. Triff dich mit einem Spanisch sprechenden Menschen, und bereite mit ihm gemeinsam eine Mahlzeit vor, bei der du Vokabeln und Redewendungen aus dem Bereich »Essen und Trinken« lernst.

Und wenn es doch nicht funktioniert? Wenn du – was sehr unwahrscheinlich ist – nach zehn Kursstunden immer noch keine Bestellung aufgeben kannst? Vielleicht willst du auch nicht Spanisch, sondern Koreanisch oder Kisuaheli lernen – und musst erst mal neue Schriftzeichen pauken? Begegne dir mit genau der freundlichen, humorvollen und nachsichtigen Art, die du auch bei anderen an den Tag legst. Es ist noch kein Meister vom Himmel gefallen – und keiner außer dir selbst erwartet, dass du in deiner neuen Disziplin sofort brillierst. Außerdem ist es zuweilen schlicht nicht die richtige Zeit, um ein neues Verhalten im Leben zu integrieren, weil gerade zu viele andere Baustellen deine Aufmerksamkeit auf sich ziehen.

Manchmal, wenn mir Klienten von ihren Versuchen berichten, Neues in ihr Leben zu lassen, und es nicht auf Anhieb geklappt hat, frage ich sie: »Haben Sie nach der ersten Fahrstunde aufgegeben? Oder nach dem ersten Date? Wie lange haben Sie gebraucht, um lesen und schreiben oder laufen zu lernen? Und warum geben Sie sich dann jetzt nicht die Zeit?«

Jedes vermeintliche Scheitern bietet die Chance, das eigene Verhalten anzupassen und die Begebenheiten zu verändern – und damit zu wachsen. Denn du wächst bereits, wenn du den ersten Schritt machst, nicht erst, wenn du dein Ziel erreichst.

Dieser erste Schritt fühlt sich erst mal ungewohnt, vielleicht sogar ungemütlich an. Alles Neue, was du ausprobierst, ist ja mit Aufregung und Aufwand verbunden.

Ich hatte mal eine Frau in der Beratung, die der festen Überzeugung war, nicht kochen zu können. Die Vorstellung, Gäste zu sich einzuladen und sie zu bewirten, war ihr ein Graus – dabei liebte sie es, mit Freunden und Familie zusammenzusitzen. Aber sie dachte immer: »Du kannst nicht kochen. Die

Leute werden kommen und das Essen auf die Teller spucken. Lass es lieber.«

Im Gespräch verriet sie mir, dass sie genug hatte von ihrer sorgenvollen, pessimistischen Einstellung. Wir überlegten gemeinsam, worauf es ihr ankam und was ihr wichtig war, nämlich Gäste zu sich einzuladen.

Dann überlegten wir, was sie gut konnte: Kuchen backen.

Ich schlug ihr vor, einen Kaffeeklatsch zu veranstalten und dafür einige Bekannte einzuladen. »Was soll schon schiefgehen?«, fragte ich sie. »Sie können doch backen! Also arbeiten Sie sich langsam voran.«

Meine Klientin lud ihre Freunde ein, stellte sich am Tag vorher in die Küche und begann zu backen. Obwohl sie über ihren Schatten springen musste, wurde es ein sehr schöner Nachmittag. Sie kam allmählich ihrem Ziel näher, eine gute Gastgeberin zu sein und häufiger Leute zu sich einzuladen. Auch kleine Schritte führen zum Ziel. Weil der Nachmittag so ein großer Erfolg geworden war, wiederholte meine Klientin ihn bald darauf, und kurze Zeit später traute sie sich zu, eine Suppe zu kochen und anzubieten. Natürlich spuckte niemand der Geladenen auf den Teller … Schließlich bereitete sie etwas Aufwendigeres zu. Und nur kurz darauf stand sie am Herd und kochte für eine zehnköpfige Abendgesellschaft, obwohl sie sich das zuvor niemals zugetraut hätte.

Wer kein Risiko eingeht, wird nicht mit Entwicklung belohnt. Mach dir immer wieder bewusst, dass selbst die Evolution millionenfach scheiterte, bevor sich ein Lebewesen in eine Richtung entwickelte, in dem sein Fortbestand gewährleistet werden konnte. Sogar noch mehr: Erst durch Mutationen, also eigentlich Fehler, wurden wir zu der Spezies, die wir heute sind.

● Schritt für Schritt

Was wünschst du dir anders? Was möchtest du verändern oder erreichen? Schreib dir ein Ziel auf. Es darf ruhig groß und auf den ersten
Blick unerreichbar sein!
Im nächsten Schritt möchte ich dich bitten, dir zu überlegen, was du
ab sofort dafür tun kannst, um deinem Ziel ein wenig näher zu kommen. Nimm dir kleine, erreichbare Etappen vor, die du heute noch
umsetzen kannst, zum Beispiel »Ich gehe jetzt in das Büro meines
Chefs und spreche über die Weiterbildung«, »Ich laufe von der Arbeit
nach Hause, statt den Bus zu nehmen« oder »Heute Abend verführe
ich meinen Mann«.
Denk nicht lange darüber nach: Tu's einfach! Du wirst überrascht sein,
wie leicht es ist, wenn du erst einmal den ersten Schritt getan hast.

Manchen Menschen hilft es, sich im Vorfeld über ein
Worst-Case- und ein Best-Case-Szenario Gedanken zu machen. Nehmen wir an, du möchtest deiner Kollegin endlich
mal sagen, dass sie in deinen Augen keine gute Arbeit ab-
liefert. Bislang hat deine Angst vor ihrer Reaktion dich davon abgehalten, es wirklich auszusprechen – aber dein Unmut wächst von Tag zu Tag. Du leidest unter der Situation,
und sie weiter zu ertragen, würde bedeuten, dass du nicht
authentisch sein kannst. Mittlerweile spürst du vielleicht
sogar, dass sich deine Unzufriedenheit auf eure Beziehung
niederschlägt. Doch dir fehlt der Mut, endlich Tacheles zu
reden.
Mach dir Gedanken darüber, was die Konsequenzen im besten wie im schlechtesten Fall sein könnten. Häufig ist unsere
Vorstellung über ein vermutlich eintreffendes Ereignis
nämlich tausendmal schlimmer als das, was am Ende wirklich passiert. Ein Worst-Case-Szenario für das beschriebene

Beispiel könnte sein: Deine Kollegin rastet komplett aus, sagt, dass du dich gefälligst aus ihren Angelegenheiten raushalten sollst, und redet nie wieder mit dir. Mehr wird, selbst im schlimmsten Fall, vermutlich nicht passieren. Dein Chef wird dir nicht kündigen. Man wird dich in der Kantine nicht meiden. Niemand wird dir ein Furzkissen auf den Stuhl legen. Das sind alles nur absurde Ideen, die dein Gehirn ausspuckt, um dich davon abzuhalten, dich in »Gefahr« zu begeben. Denn das ist seine einzige Aufgabe: Das Individuum am Leben halten – egal wie.

Dein Gehirn ist aber nicht allwissend. Es weiß nicht, wie deine Kollegin im Best-Case-Szenario reagieren kann: Sie gesteht ein, dass sie in der letzten Zeit nicht wirklich bei der Sache war. Möglicherweise, weil in ihrem Privatleben etwas vorgefallen ist, von dem sie dir erzählt. Du signalisierst Verständnis und bedankst dich für das Vertrauen, und sie weiß, dass sie sich ein bisschen mehr zusammenreißen sollte. Gemeinsam habt ihr eine Basis geschaffen, auf der ihr zukünftig miteinander umgehen und arbeiten könnt.

Ja, klar, diese Ideallösung habe ich mir gerade ausgedacht. Aber gibt es nicht zumindest eine winzige Wahrscheinlichkeit, dass sich die Situation auf diese Art und Weise oder ähnlich auflöst?

Wahrscheinlich wird weder das Best-Case- noch das Worst-Case-Szenario eintreffen, sondern irgendetwas dazwischen. Es herrscht vielleicht eine Weile dicke Luft, aber wenn jemand das Fenster öffnet, zieht auch die irgendwann wieder ab. So oder so: Du wirst stolz auf dich sein, deine Hemmungen überwunden und den Mund aufgemacht zu haben. Und ist es nicht vor allem das, worum es geht? Authentisch sein! Sich selbst treu bleiben! Nicht immer die Sicherheitsvariante wählen, sondern sich auch mal aus der Komfortzone herauswagen. Nicht nur einmal, sondern mehrfach und immer wieder. Wachstum ist ein ständiger Prozess. Wenn du damit beginnst, dein eigenes Ideal zu erschaffen und dein Maß aller Dinge zu werden, fällt es dir leichter, Mut zu fassen. Neues entsteht nur, wenn du Neues ausprobierst.

Exkurs: Authentizität

Authentisch zu sein, sich ganz zu leben, bedeutet, in einer guten Beziehung zu sich selbst zu stehen und seine Stärken genau wie seine Schwächen zu kennen und wertzuschätzen. Authentische Menschen wirken auf andere häufig sehr anziehend. Sie strahlen Selbstwertgefühl und Wahrhaftigkeit aus, oft sind sie zudem auch entspannt. Ein authentischer Mensch macht sich von der Meinung anderer frei und vertritt seine Ansichten. Er trifft seine eigenen Entscheidungen aus Motiven, die ihm wichtig sind, und zeigt sich so, wie er wirklich ist, auch wenn das anderen nicht immer gefällt. Er versteckt nicht, was er selbst an sich vielleicht nicht besonders gut leiden kann, sondern steht dazu. Ecken und Kanten sind für ihn kein Hindernis, mit anderen in Beziehung zu treten, sondern Voraussetzung.

Darüber hinaus toleriert ein authentischer Mensch auch stets die Andersartigkeit anderer. Da jemand, der sich voll und ganz lebt, weder in den Vergleich mit anderen geht noch sich von anderen abhängig macht, akzeptiert er, dass nicht alle auf seiner Seite stehen.

Authentizität setzt ein hohes Maß an Selbstreflexion voraus. Um selbst authentischer zu werden, ist es von grundlegender Bedeutung, sich selbst wirklich gut zu kennen.

● Lern dich kennen

Beantworte die folgenden Fragen, um dich besser kennenzulernen. Sei dabei intuitiv, nicht überlegt – es geht darum, deinem wahren Ich zu begegnen, nicht der Version, die du vielleicht seit sehr langer Zeit der Welt zeigst:

- Wer bist du?
- Was zeichnet dich aus?
- Worauf legst du Wert?
- In welchen Situationen und mit welchen Menschen fühlst du dich wohl?
- Was erhoffst du dir vom Leben?
- Was sind deine Bedürfnisse?

Auch eine ehrliche Betrachtung deines Selbst gehört dazu, wenn du wirklich authentisch sein möchtest. Viele von uns geben an irgendeinem Punkt im Leben vor, besser zu sein, als sie es in Wahrheit sind, egal ob sie beim Fitnesscheck schwindeln oder den Freundinnen gegenüber behaupten, Arbeit und Familie unter einen Hut zu bekommen, sei gar kein Problem. Diese kleinen Beschönigungen können uns langfristig aber von uns entfernen. Die nächste Übung hilft dir dabei, wieder zurück auf den Weg der Authentizität zu kommen.

Hand aufs Herz

Beantworte die folgenden Fragen ehrlich und schonungslos. Es gibt keinen Richter, und du bist dein einziger Zeuge. Sei aufrichtig zu dir selbst, auch wenn es vielleicht schwerfällt oder du dich sogar ein bisschen schämst:

- Was sind deine Fehler und Schwächen?
- Was versteckst du gern vor anderen?
- In welchem Bereich deines Lebens lebst du nicht nach deinen Werten?
- In welchen Situationen gibst du dich anders, als du in Wahrheit bist?
- Wann passt du dich eher an, statt nach deinen Bedürfnissen zu leben?
- Wer kennt dich wirklich?

Hast du herausgefunden, was dich tatsächlich ausmacht und was dir wichtig ist? Dann ist heute der Tag, an dem du anfangen darfst, nach diesen Werten zu leben! Weil du dich kennst und akzeptierst, ist es egal, was andere von dir denken. Du bist du – und damit einzigartig.

Meine Wünsche, meine Werte

Ich möchte dich darum bitten, dir Gedanken darüber zu machen, in welchen Bereichen deines Lebens du die Werte, die dir wichtig sind, lebst – und in welchen nicht.
Lebst du im Beruf nach den Werten, die für dein erfülltes Arbeitsleben wichtig sind? Lebst du in deinen Beziehungen oder deiner Ehe nach

den Werten, die für eine erfüllte Partnerschaft notwendig sind? Lebst du in deinen Hobbys nach den Werten, die dir Erfüllung bringen? Lebst du an dem Ort, der für ein Gefühl von Heimat sorgt?

Wende dich nun den Bereichen zu, in denen du deine eigenen Werte nicht lebst oder nicht nach deinen Überzeugungen handelst. Frag dich, warum du es nicht tust. Was hält dich davon ab? Wieso suchst du dir keinen Sportverein oder Personal Trainer, wenn es dich stört, dass du kaum noch Bewegung in deinen Alltag integrierst? Oder machst einen kleinen Spaziergang jeden Tag? Weshalb lebst du in Deutschland, wenn du eigentlich davon träumst, nach Spanien auszuwandern? Oder in der Stadt, wenn du dich schon immer raus aufs Land sehnst? Und wieso besorgst du dir nicht ein Fahrrad, wenn dir der Umweltschutz wichtig ist und du ständig ein schlechtes Gewissen hast, weil du für kurze Strecken in dein Auto steigst?

Welche Entscheidungen könntest du treffen, um deine Werte und Überzeugungen mehr zu leben? Welche kleinen, ersten Schritte kannst du machen, um deiner wahren Persönlichkeit näher zu kommen?

Authentisch zu sein führt manchmal zu Auseinandersetzungen mit anderen, und das ist ganz normal so. Wir sind nicht auf die Welt gekommen, um allen zu gefallen, und im Übrigen geht das auch gar nicht. Es wird immer jemanden geben, der mit unserer Art nicht ganz einverstanden ist. Letztendlich müssen wir mit uns selbst klarkommen, denn wir sind unser ständiger Begleiter im Leben.

Du darfst in diesen Konflikten zu deinen Überzeugungen stehen – und du darfst selbst entscheiden, welche Auseinandersetzungen es in deinen Augen wert sind, geführt zu werden. Entscheide für dich, wo deine persönliche Grenze ist, was du er- beziehungsweise vertragen kannst und was dir zu viel ist.

Die eigene Meinung kundtun –
Harmonie ist nicht alles

Stell dir vor, du möchtest lernen, deine Meinung klarer kundzutun, weil es dir auf den Keks geht, dass dir dein Wunsch nach Harmonie und Anpassung immer wieder im Weg steht. Vor allem bei der Arbeit steckst du andauernd ein und lässt dich von deinem Chef anschnauzen. Ab heute wird alles anders, nimmst du dir vor. Natürlich kannst du es gleich mit einer offenen Aussprache mit dem Vorgesetzten versuchen. Vermutlich wird deine Hemmung, diesen Schritt wirklich zu gehen, aber sehr groß sein. Also übe deine Konfliktfähigkeit jeden Tag. Beim nervigen Kollegen, deinem Partner, deiner Familie. Trainier dich in offenen Aussprachen. Sag Sätze, die du normalerweise runterschlucken würdest. Sammle Erfahrungen. Was geht, was geht nicht? Wie weit kannst du gehen, ohne dich unwohl zu fühlen? Wie fällt die Resonanz aus? Gleiche immer wieder ab, was du erreicht hast. Beobachte deine Fortschritte. Und sei stolz auf dich. Du musst nicht gleich eine motzende Krawallbürste werden – es ist vollkommen ausreichend, wenn du es in den Situationen, die dir wichtig sind, schaffst, für dich einzustehen.

Eine Bekannte von mir erzählt mir immer wieder von Situationen mit ihrem Mann, in denen sie sich unglaublich unwohl fühlt. Er hält mit seiner Meinung nämlich nicht hinterm Berg, während sie keinen Sinn darin erkennt, einem Verkäufer oder einer wildfremden Person ein paar Takte zu sagen.
Neulich erzählte sie mir: »Wir waren eine Winterjacke einkaufen. Der Verkäufer rückte meinem Mann auf die Pelle und versuchte ihm die Jacke schmackhaft zu machen, die er

gerade anprobierte. Irgendwann sagte mein Mann: ›Vielen Dank, wir brauchen Ihre Beratung nicht.‹ Aber der Verkäufer ging nicht weg. Da sagte mein Mann: ›Ich verspreche Ihnen, Sie dürfen mich nachher zur Kasse begleiten und die Provision für den Verkauf abrechnen, aber lassen Sie mich jetzt bitte in Ruhe!‹«

Ich kenne meine Bekannte gut und konnte mir gut vorstellen, wie unangenehm ihr das Verhalten ihres Mannes war. Sie ist ein sensibles, freundliches Geschöpf und drückt sich immer ausgesprochen diplomatisch aus, selbst wenn sie innerlich kocht.

»Dem Verkäufer war das vollkommen egal! Der ging nicht weg«, erzählte meine Bekannte weiter. »Mein Mann hat sich dann umgedreht, sich vor dem Verkäufer aufgebaut und tief Luft geholt.«

»Und dann?«

»Den Rest habe ich nicht mehr mitgekriegt. Ich habe mich in der Umkleide versteckt.« Sie lachte. »Ich halte solche Situationen einfach nicht aus. Ich bin nicht für Konfrontationen gemacht. Wenn mein Mann das für sich möchte, bitte schön. Aber mir tun solche Auseinandersetzungen nicht gut.«

Ich musste lachen. Ist es nicht wahnsinnig erfrischend, wenn Menschen ihre eigenen Schwächen kennen und sie liebevoll und wertschätzend betrachten? Ich weiß, dass meine Bekannte an sich gearbeitet hat, um wenigstens ab und an zu sagen, wenn ihr etwas nicht passt – doch sie ist sich absolut im Klaren darüber, dass sie es mit einem Kaliber wie ihrem Mann niemals aufnehmen wird. Umso schöner, dass sie eine Möglichkeit gefunden haben, sich auszuleben, ohne einander im Weg zu sein: Er darf provozieren, sie ihren Wunsch nach Harmonie leben. Und doch sind beide einen Schritt aufeinander zugegangen. Sie versucht, mehr Konflikte auszuhalten und auszutragen, er hätte dem

Verkäufer ohne sie an seiner Seite vermutlich viel früher die Meinung gegeigt.

Über sich hinauszuwachsen bedeutet, Wachstumsschmerzen zu erleben. Zähne, Knochen und Gewebe schmerzen, wenn sie wachsen, und auch unser emotionales Wachstum bleibt nicht folgenlos. Das können zum einen die Reaktionen der anderen sein, die uns treffen, aber auch die Erkenntnis, dass wir etwas Altes hinter uns gelassen haben, ihm sprichwörtlich entwachsen sind. Manchmal stelle ich mir den ersten Schritt in ein neues Verhalten raus aus der Komfortzone vor wie die erste Runde Joggen nach einem sehr langen Winter: Alles tut weh. Es ist eine einzige Qual. Und doch weißt du, wenn du nächste Woche wieder joggen gehst, wird es viel weniger schmerzen. In der Woche darauf noch weniger, und am Ende des Sommers wirst du bei regelmäßigem Training wie ein junges Reh herumspringen.
Genauso ist es, wenn du deine Komfortzone verlässt und etwas Neues wagst. Die ersten Schritte tun weh, sind ungewohnt und fremd. Alles zieht dich zurück, nur dein Wille treibt dich voran. Mit der Zeit wird es aber leichter, und irgendwann denkst du gar nicht mehr darüber nach, ob du heute joggen gehen willst oder nicht. Du tust es einfach. Genauso wie diese ersten Joggingrunden fühlen sich neue Verhaltensweisen an: Nach langer Zeit in einer Partnerschaft wieder in eine Bar gehen und jemanden ansprechen. Zwanzig Jahre nach dem Berufsabschluss mit einer neuen Tätigkeit beginnen. Zum ersten Mal allein mit sich sein. Wenn es einfach wäre, würde es jeder machen.

Sich selbst und die eigenen Bedürfnisse an erste Stelle zu stellen, fällt nicht immer leicht. Ich hatte das Thema bei einem Klienten, der sich mit Beziehungen schwertat, sich gleichzeitig aber nach Nähe und Zuneigung sehnte. Immer wenn er mit einer Frau zusammenkam, tat er alles für sie. Er las ihr jeden Wunsch von den Lippen ab, war zuvorkommend und immer für sie da. Wenn sie Probleme hatte, hörte er ihr zu jeder Tages- und Nachtzeit zu, und bevor sie einen Wunsch überhaupt ausgesprochen hatte, hatte er ihn schon erfüllt, da er versuchte, ihre Bedürfnisse vorauszuahnen und ihr Verhalten interpretierte.

Du kannst dir bestimmt vorstellen, was passierte: Jede Frau fühlte sich nach kürzester Zeit eingeengt und verschwand wieder. Mein Klient konnte nicht verstehen, warum die Frauen gingen, wo er doch so zuvorkommend war.

In seinem Fall kamen verschiedene Dinge zusammen. Zum einen stellte mein Klient die Bedürfnisse seiner Partnerin immer vor die eigenen. Damit war er so beschäftigt, dass er seine eigenen Bedürfnisse gar nicht mehr wahrnahm und angestrengter und unzufriedener wurde.

Zum anderen versuchte er sich im Gedankenlesen. Denn er konnte nicht mit absoluter Sicherheit vorhersagen, was die Bedürfnisse seiner Partnerinnen waren – immerhin steckte er nicht in ihrem Kopf.

In unseren Gesprächen kamen wir schnell zum eigentlichen Knackpunkt seines Verhaltens: Er empfand es als maßlos egoistisch, seine eigenen Bedürfnisse über die ihren zu stellen. Er hatte in seiner christlichen Erziehung gelernt, immer für andere da zu sein und sich selbst zurückzunehmen.

Ich fragte ihn: »Wie können Sie ganz sicher wissen, was Ihre Partnerin gerade braucht?«

Er sagte: »Sicher wissen kann ich das nicht, aber ich versuche, sie so gut kennenzulernen, dass ich es erahnen kann.«

»Wer achtet dabei denn auf Sie?«, wollte ich wissen.

»Mir geht es gut, wenn sie glücklich ist«, erwiderte er.

»Und was passiert, wenn sie sich verändert und neue Bedürfnisse hat?«, hakte ich nach.

»Dann muss ich sie beobachten und ihr Verhalten analysieren, damit ich sie auch dann einschätzen kann.«

»Sie werden ja zum echten Experten für Ihre Partnerin! Glauben Sie, dass Sie eine Frau jemals so gut kennenlernen können, dass Sie besser wissen als sie selbst, was sie braucht?«

An der Stelle wurde er zum ersten Mal stutzig.

Ich fuhr fort: »Das würde ja bedeuten, dass Sie sich über Ihre Partnerin stellen.«

»Aber ich will ihr doch nur Gutes tun!«, sagte er verzweifelt.

»Dann sollten Sie ihr vielleicht zutrauen, dass sie sich um ihre Bedürfnisse besser kümmern kann als Sie. Außerdem muss sich auch irgendjemand um Ihre Bedürfnisse kümmern, ansonsten wird es Ihnen langfristig nicht gut gehen.«

Für mich ist das eine elementare Erkenntnis: Wir können nicht egoistisch sein, wenn wir auf unsere Bedürfnisse achten. Denn niemand anderes kann das für uns tun. Im Gegenteil, die Augenhöhe zwischen zwei Menschen geht eher verloren, wenn wir uns auf den anderen stürzen und es für ihn gut machen wollen. Das können wir erstens nicht, und zweitens machen wir den anderen dadurch kleiner. Die Frauen meines Klienten fühlten sich nach kürzester Zeit so eingeengt, dass sie die Beziehung beenden mussten.

In meinen Augen bedeutet egoistisches Verhalten immer auch, mit dem eigenen Handeln einem anderen zu schaden. Sogar bei meinem Klienten, denn im Grunde hatte er sich mit seiner Überfürsorge egoistisch verhalten. Er tat es, um Liebe zu bekommen, und rechtfertigte sein Verhalten damit, dass er ja vordergründig alles für seine Partnerin getan hätte. Heute lebt er in einer festen Beziehung, immerhin seit einem halben Jahr. Nach wie vor ist es eine Herausforderung für ihn, seine eigenen Bedürfnisse und nicht nur die seiner Partnerin zu erfüllen. Es gibt von Zeit zu Zeit Rückschläge, aber er tastet sich an sein neues Verhalten heran und ist endlich wirklich glücklich.

Ich bin fest davon überzeugt, dass wir in schwierigen Situationen, bei großen Entscheidungen oder auch in tiefen Krisen immer auf uns selbst angewiesen sind. Ich stelle mir das manchmal bildlich vor, dass mir ein Fleckchen Erde zu Füßen liegt, in das ich meine Samen gesteckt habe. In dem Moment, in dem ich mich nicht mehr vergleiche und mich nur noch auf mich selbst verlasse, dünge und gieße ich diese Erde. Es dauert ein wenig, bis diese Samen zu Pflanzen werden, und manchmal ist der Prozess mit Schmerzen verbunden. Welche Pflanze aus meinen Samen wächst, werde ich sehen – allerdings erst, wenn ich über mich hinausgewachsen bin.

Epilog:
Sei du selbst!
Die Welt wird sich anpassen

Ich weiß aus eigener Erfahrung, wie schwer es manchmal ist, man selbst zu sein. Dennoch bin ich mir einer Sache mittlerweile sicher: Die Auswirkungen meines authentischen Verhaltens sind niemals negativ. Denn seitdem ich gelernt habe, authentisch und befreit zu leben, kann ich auch andere in ihrer Einzigartigkeit akzeptieren. Einzigartig zu sein bedeutet nicht, sich über andere zu stellen oder zum Egoisten zu mutieren. Niemand muss großartiger werden, als er es schon ist, oder aus der Menge hervorstechen. Einzigartigkeit bedeutet: Dich gibt es nur einmal. Und alle anderen auch. Es geht nicht darum, die eigenen Schwächen auszuleben und auf niemanden mehr Rücksicht zu nehmen, sondern mit Selbstachtung und Respekt sich selbst und seiner Umwelt zu begegnen. Sich seiner Einzigartigkeit bewusst zu sein bedeutet nicht, sich über einen anderen zu stellen. Es heißt vielmehr, Nachsicht mit sich selbst *und* mit den anderen walten zu lassen.

Wer weiß, wer er ist und was er braucht, und diese Bedürfnisse klar und authentisch kommuniziert, ist kein Egoist oder Egomane. Es geht vielmehr darum, dass niemand seine Grenzen überschreiten sollte, nur um anderen zu gefallen oder es ihnen recht zu machen.

Das wurde mir spätestens klar, als ich mich einmal mit einer Flugbegleiterin über die Reihenfolge unterhielt, in der im Notfall die Sauerstoffmasken aufgezogen werden: Wieso soll ich mir selbst zuerst die Maske aufsetzen und erst danach dem Kind? Mein mütterlicher Impuls ist immer, zunächst mein Kind und dann mich selbst zu versorgen. Sie erklärte: »Ganz einfach, damit du anderen helfen kannst. Wenn die Luft im Flugzeug während eines Notfalls dünner wird, musst du atmen können, weil du ansonsten bewusstlos wirst. Bewusstlos kannst du deinem Kind die Maske nicht mehr aufsetzen und auch nicht den Passagieren um dich herum. Mit der Maske bleibst du bei klarem Verstand – und bist so den anderen eine viel größere Hilfe.«

Bei deinen Bedürfnissen ist es dasselbe. Erst wenn du dich selbst versorgt und deine grundlegenden Bedürfnisse erfüllt hast, kannst du wirklich für andere da sein. Deswegen ist es in Ordnung, einer Freundin am Abend abzusagen, wenn man Kopfschmerzen hat oder sich nicht wohlfühlt – auch wenn die Freundin Liebeskummer hat. Du bist ihr angeschlagen weder eine gute Zuhörerin noch Beraterin. Sich selbst gegenüber rücksichtsvoll zu sein bedeutet nicht, rücksichtslos gegenüber anderen zu sein, wenngleich du das ein oder andere Nein aussprechen musst. Erst wer seine Bedürfnisse grundsätzlich ohne Not und absichtlich über die seiner Mitmenschen stellt und durch sein Verhalten anderen schadet, wird zum Egoisten.

In meiner Beratungspraxis arbeite ich gern mit dem Bild der Königin oder des Königs. Meinen Klienten rate ich, sich selbst wie eine Königin oder einen König zu behandeln – wertschätzend, respektvoll und achtsam. Das bedeutet auch, Verantwortung für sich selbst zu übernehmen und den Vergleich mit anderen nicht einzugehen. Eine Königin vergleicht sich nicht mit anderen Königinnen … Sie ist einzigartig.

Ich möchte dich mit meinem Buch dazu ermutigen, dich so zu verhalten, als wärst du selbst das Vorbild, an dem sich andere orientieren. Werde dein eigener Maßstab! Im Vergleich mit dir selbst wirst du immer lernen können. Um ein selbstverantwortendes, zufriedenes Leben zu führen, brauchst du niemand anderen. Alles, was du brauchst, steht dir bereits zur Verfügung.

Gleichzeitig darfst du dir klarmachen, dass auch alle anderen Könige und Königinnen sind und als diese behandelt werden dürfen. Denn jeder sollte nach seinen Maßstäben und Werten leben. Alle sind gleichwertig, niemand ist dem anderen untertan.

Ich glaube, je mehr Menschen aus der Vergleichsfalle aussteigen und sich stattdessen mehr auf die eigenen Qualitäten und auf ihr eigenes Wohlbefinden konzentrieren, desto entspannter werden wir im Umgang mit anderen. Und es würde noch viel mehr passieren. Angenommen, wir müssten uns nicht mehr vergleichen, gäbe es so viele Maßstäbe, wie es Menschen gibt. Wir müssten nicht mehr in Kategorien wie »besser« und »schlechter« denken. Es gäbe kein »Richtig« und kein »Falsch« mehr. Wir müssten uns nicht ununterbrochen anstrengen, um irgendwo mithalten zu können. Wir müssten uns nicht mehr über Leistung definieren, und viele Glaubenssätze, die wir im Lauf der Jahre verinnerlicht haben, verlören ihre Gültigkeit. Denn auch Sätze wie »Nur die Harten kommen in den Garten!« brauchen einen Vergleich. Wer ist denn dieser Harte, und wie hammerhart ist er wirklich? Der, aus dessen Mund der Satz stammt, ist vermutlich das Härtemaß in dem Moment. Was bedeutet Härte für denjenigen? Wie siehst du ihn? Ist er aus deiner Sicht wirklich hart?

Aus der Wirtschaft hört man immer wieder Klagen: Die Hochschulabsolventen kämen mit viel zu hohen Erwartungen im Beruf an, seien nicht bereit, Überstunden zu machen oder sich übermäßig anzustrengen, sondern legten viel Wert auf eine ausgeglichene Work-Life-Balance – und das in dem Alter!

Ich kann die Sorge der Arbeitgeber verstehen: Da geht gerade ein ganzer Jahrgang überfleißiger Bienchen verloren, die sich für ihren Job aufreiben. Denn die nachrückende Generation verfügt über ein neues Mindset. Nicht »Leben, um zu arbeiten«, sondern »Arbeiten, um zu leben« ist ihr Mantra. Im Gegensatz zu den vielen Millionen Angestellten vor ihnen, die sich für ihre Unternehmen krummgemacht haben, wuchs in den vergangenen Jahren eine Generation von aufrechten, selbstverantwortenden Königinnen und Königen heran, deren einzige Bestimmung im Leben nicht ist, möglichst schnell und weit die Karriereleiter hochzuklettern. Auch wenn ich die Sorgen der Vorgesetzten oder den Unmut der Kollegen verstehen kann, finde ich es richtig, wenn junge Leute ihren eigenen Weg gehen und sich nicht mit den Generationen vor ihnen vergleichen lassen. Es wird spannend zu beobachten, ob diese neuen Mitarbeiter mehr Zufriedenheit in Beruf und Privatleben durch ihre klare Priorisierung generieren können als die »alten Hasen«. Möglicherweise haben wir in Deutschland bald auch schwedische Verhältnisse, denn dort arbeiten die meisten Menschen auch nicht bis zum Umfallen, sondern legen Wert auf ein erfüllendes Privatleben. Vor einigen Jahren wurde in Schweden sogar der Sechs-Stunden-Arbeitstag eingeführt – nicht weil die Schweden faul sind, sondern weil in dem Land die Überzeugung vorherrscht, dass man in sechs Stunden produktiver arbeitet als in acht und dass zufriedene Mitarbeiter mehr leisten können als unzufriedene.

Wie auch immer sich unsere Gesellschaft entwickelt, ich hoffe, dass du für dich etwas aus diesem Buch mitgenommen hast und dich mit einem liebevolleren und nachsichtigeren Blick betrachtest. Denn wer gut zu sich ist, kann auch gut zu anderen sein. Er muss den Vergleich nicht scheuen, solange er ihn wachsen lässt.

Anhang

Verzeichnis der Übungen

1. Warum wir uns überhaupt vergleichen

Wann vergleichst du dich? 23

Das eigene Nest 27

Zurück auf die Schulbank 32

Sich selbst behandeln wie
   einen geliebten Menschen 35

Echtes Zuhören 38

Schau nicht auf andere, schau auf dich 41

In welchen Bereichen
   vergleichst du dich besonders? 49

Komplimente annehmen 56

In der Kritik 58

2. Gute Vergleiche, schlechte Vergleiche

Neid überwinden 71

Den Füllstand überprufen 75

Vergleichen mit anderen 77

Der schwärzeste Tag 80

3. Der Vergleich als Hinweisschild

Die Säulen deiner Identität 88

Vergleiche als Hinweisschilder 107

Glaubenssätze umprogrammieren 110

In Symbolen denken 112

Bedürfnisse spüren 118

4. *Ich bin das Maß aller Dinge*
Scheuklappen runter 129
Erwartungen loslassen 133
»Ich« statt »man« 134
Sei dein eigener Ratgeber 142
Der Spiegel der anderen 147
Die eigene Selbstsicherheit 149
Wachsen an der Krise 151
Lern dich besser kennen! 154
Früher und heute 157

5. *Wachse über dich hinaus!*
Zeit für Träume 166
Schritt für Schritt 171
Lern dich kennen 174
Hand aufs Herz 175
Meine Wünsche, meine Werte 175

Anmerkungen

1 Leon Festinger: »A Theory of Social Comparison Processes«, *Human Relations* 7, 1954, S. 117–140.

2 Carly S. Priebe und Kevin S. Spink: »Blood, sweat, and the influence of others: The effect of descriptive norms on muscular endurance and task self-efficacy«, *Psychology of Sport and Exercise* 15 (5), 2014, S. 491-497.

3 Sophia Thiel: »Ich muss euch etwas sagen«, YouTube-Video, 23.5.2019, https://www.youtube.com/watch?v=gugFku3QYEI, abgerufen am 21.10.2020.

4 Helmut Appel, Alexander L. Gerlach und Jan Crusius: »The interplay between Facebook use, social comparison, envy, and depression«, *Current Opinion in Psychology* 9, 2016, S. 44–49.

5 Splendid Research: »Studie untersucht, wie zufrieden die Deutschen mit dem eigenen Aussehen und ihrem Körper sind«, 2020, https://www.splendid-research.com/de/statistiken/item/studie-zufriedenheit-aussehen-und-schoenheitsoperationen.html, abgerufen am 21.10.2020.

6 Statista: »Länder mit der höchsten Anzahl an Schönheitsoperationen im Jahr 2018«, 2020, https://de.statista.com/statistik/daten/studie/244667/umfrage/laender-mit-der-hoechsten-anzahl-an-schoenheitsoperationen/, abgerufen am 21.10.2020.

7 Erica Gode: »Study Finds TV Alters Fiji Girls' View of Body«, *The New York Times*, 20.5.1999, https://www.nytimes.com/1999/05/20/world/study-finds-tv-alters-fiji-girls-view-of-body.html?smid=em-share, abgerufen am 22.10.2020.

8 Zitiert nach »1000 Zitate«, https://1000-zitate.de/3606/Das-Vergleichen-ist-das-Ende-des.html, abgerufen am 21.10.2020.

9 »Umfrage: Deutscher Neid«, *Süddeutsche Zeitung*, 14.7.2016, https://www.sueddeutsche.de/panorama/umfrage-deutscher-neid-1.3079002, abgerufen am 21.10.2020.

10 Catherine F. Talbot, Sara A. Price und Sarah F. Brosnan: »Inequity Responses in Nonhuman Animals«, Springer Science+Business Media, New York 2016, https://static1.squarespace.com/static/5436c971e4b0a1999029f096/t/5b155c89562fa7a4554eb814/1528126601945/Talbot+Price+Brosnan+Inequity+Aversion+2016.pdf, abgerufen am 21.10.2020.

11 Yochi Cohen-Charash und Jennifer S. Mueller: »Does Perceived Unfairness Exacerbate or Mitigate Interpersonal Counterproductive Work Behaviors Related to Envy?«, *Journal of Applied Psychology* 92 (3), 2007, S. 666–680.

12 Siehe zum Beispiel Byron Katie: *Lieben was ist*, München 2002.

Du möchtest mehr von Maja Günther lesen und hören? Schau doch mal auf ihrer Podcast-Seite vorbei:

https://wecke-deine-lebensfreude.podigee.io/

Etwa einmal im Monat spricht Maja in ihrem Podcast über spannende Themen von A wie Achtsamkeit bis Z wie Zufriedenheit. Hör doch mal rein!